W0233473

Ercan Karakoyun

Die Gülen-Bewegung

Ercan Karakoyun

Die Gülen-Bewegung

Was sie ist, was sie will

HERDER

FREIBURG · BASEL · WIEN

Satz: Carsten Klein
Herstellung: CPI books GmbH, Leck

Gedruckt auf umweltfreundlichem, chlorfrei gebleichtem Papier
Printed in Germany

ISBN: 978-3-451-37679-5

Inhalt

Hizmet, Hass und Hetze – weshalb ein friedliches
Miteinander Schulen und Dialog braucht
Geleitwort von Pater Klaus Mertes, SJ.   9

1. Der Putschversuch und seine Folgen   13

Der 15. Juli 2016 in der Türkei   13
Konsequenzen für das Leben in Deutschland   16
Verwirrung in den deutschen Medien: Wer ist gut,
wer ist böse?   21
Crashkurs Türkei – der Konflikt in zwanzig Minuten erklärt . . .   23
Unbeirrt: Einladung zum Dialog   25

2. Hizmet in Deutschland – ein Missverständnis   33

Hizmet und die Gerüchte – zwischen Postillon und
Wikipedia   33
Hizmet – eine Sekte?   36
Lichthäuser – was steckt dahinter?   40
Zerrbild mit Folgen: Ein *Spiegel*-Artikel von 2012   41
Sohbets – Gesprächszirkel und Weltkulturerbe   43
Akribische Erforschung eines folgenschweren
Enthüllungsberichts   45
Manipulation: Eine Predigt von Gülen   47
Übersetzungshürden und Verständnisschwierigkeiten   50
Ins Gegenteil verkehrt: Gülens Aufruf zur Gewaltlosigkeit . . .   52
Entwarnung: Verfassungsschutz und kleine Anfragen   54
Manipulation der Wirklichkeit   58
Skandale in der Türkei: Die Verhaftung von Ahmet Şık   61

3. Ungesehen: Hizmet-Aktivitäten in Deutschland   73

Dialog in Berlin: Iftar-Essen im Bundestag   73

Hizmet: Gegenstand der Wissenschaft 75

Deutsche mit und ohne Migrationshintergrund 77

Hizmet Deutschland: Struktur und Transparenz –
ein Anfang 81

4. Unter Verdacht – Terrorismus in Deutschland,
Türkei und der Welt 87

Einreiseverbot in der Türkei als deutscher Staatsbürger 87

9/11 und die Folgen für deutsche Muslime 90

Angst vor Terror, Angst vor dem Islam 95

Gülens Botschaft: Gewalt hat keine Religion 97

Innere Emigration: Die Angst der Gläubigen 100

Engagiert gegen das böse Image des Islam. 104

5. Der Islam: Eine Religion mit vielen Gesichtern 109

Hizmet und Islam: Bildung und Moderne. 109

Koranschulen: Religiöse Rituale 111

Eine zeitgemäße Interpretation des Korans. 113

Die Rolle der Imame: Vorleser und keine Theologen 117

Politischer Islam und Sufi-Islam 118

Staat versus Religion, Erdoğan versus Gülen. 122

Religion ohne Dogma: Jeder ist sein eigener Lehrer. 125

Islam in Deutschland: Zwischen Glauben und Skepsis. 127

Islam in der Türkei: Kopftuchverbot und Religionsbehörde... 129

6. Sufi-Prediger Gülen als Bildungsmodernisierer 135

Gülen: Vom Dorfschüler zum Religionsbeamten 135

Bildung als Schlüssel: »Baut Schulen, nicht Moscheen!« 138

Dialog mit Minderheiten: Für Frieden und Toleranz 145

Der Kurdenkonflikt: Gülen als Menschenfreund. 149

Exil in den USA – Wirken in aller Welt 152

Generation Hizmet: Bildungselite 156

7. **Scheindemokratie in der Türkei: Der Putsch und
    seine Vorgänger** 163

    Hoffnungsträger Erdoğan: Demokratie und
    Minderheitenrechte 163

    Das Vermächtnis Atatürks: Gelenkte Demokratie 170

    Erdoğan und Gülen: Verbündete oder Feinde? 177

    Ergenekon: Eine undemokratische Überreaktion 182

    Mavi Marmara: Der Anfang vom Ende der Pressefreiheit 186

    Gezi-Park: Eine Kriegserklärung an die Zivilgesellschaft 190

    Offener Konflikt: Der Korruptionsskandal 2013 192

    Der Putsch: Das Ende des Rechtsstaats 195

8. **Hizmet – eine deutsche Bewegung mit
    internationaler Zukunft** 201

    Hizmet in Deutschland: Türkei im Blick 201

    Zwischen den Identitäten: Deutscher, Türke, Muslim 206

    Das deutsche Bildungssystem: Weltberühmt bis zum
    PISA-Schock 211

    Die Streber Allahs: Nachhilfevereine und Schulen 213

    Abnabelung von der Türkei – Deutschland wird Vorbild 218

Dank 221

Weiterführende Literatur 223

Hizmet, Hass und Hetze –
weshalb ein friedliches Miteinander
Schulen und Dialog braucht

Geleitwort von Pater Klaus Mertes, SJ

Seit dem Putschversuch in der Türkei steht die Bewegung des Predigers Fethullah Gülen unter Beschuss. Erdoğan fordert von den USA die Auslieferung Gülens. Der Mob überbietet sich mit Hasstiraden auf die Gülenisten. In der Türkei, aber auch in der türkischen Community in Deutschland, brach nach dem 15. Juli 2016 eine erschreckend brutale Hetze gegen die Gülen-Bewegung los. Mich ließ sie nicht kalt, da ich aus meiner Zeit in Berlin persönliche Begegnungen mit Vertretern der Gülen-Bewegung hatte. Was immer man kritisch über Gülen und die Hizmet-Bewegung sagen mag, nichts davon rechtfertigte diese Hetze.

Wer das kirchliche und gesellschaftliche Leben erneuern will, muss Schulen gründen. So sahen es auch die protestantischen und die katholischen Reformbewegungen im 16. Jahrhundert – trotz aller Gegensätze gleichermaßen. Ignatius von Loyola, der Gründer des Jesuitenordens, wurde gefragt, wie man dem kirchlichen Leben seiner Zeit wieder auf die Beine helfen könnte. Seine Antwort bestand aus einem Wort: Schulen.

Die Hizmet-Bewegung von Gülen betreibt international etwa 1000 privat finanzierte Schulen. Vor allem in Entwicklungsländern gelten sie als hervorragend. Gülen-Schulen werden nun in der Türkei und auf Druck Ankaras in vielen anderen Ländern stillgelegt. Auch die Gülen-Schulen in Deutschland stehen unter Druck. Angesichts der Hetze im Netz haben viele Eltern, Lehrer und Schüler dieser Schulen in Deutschland Angst, wenn in diesen Tagen der Unterricht wieder beginnt.

Man muss nicht in allem mit der Gülen-Bewegung einverstanden sein. Es gibt auch Opfer ihrer jahrelangen Kooperation mit der AKP von Erdoğan. Aber es ist bedrückend zu sehen, wie die Propaganda Erdoğans wirkt und Kollateralschäden verursacht. Der Hass kommt in Deutschland an und findet Verbündete in allgemeinen Verdächtigungen bis in seriösere Kreisen hinein.

Gülen gibt die Parole aus: »Baut Schulen statt Moscheen.« Will er also die Gesellschaft von unten unterwandern und »islamisieren«, wie im PEGIDA-Ton gemutmaßt wird? Genauso gut könnte man dem Jesuitenorden damals wie heute Weltmachtstreben unterstellen. Der betreibt ja auch zurzeit weltweit ca. 900 Schulen und Hochschulen.

Gülen fordert die Mitglieder seiner Bewegung auf, führende Positionen in der Gesellschaft und Politik zu besetzen. Na und? Das tat Ignatius zu seiner Zeit auch. Er wollte, dass Jesuitenschüler Verantwortung in der Gesellschaft übernehmen. Soll man jetzt etwa jungen Menschen abraten, Positionen in der Gesellschaft anzustreben, weil man das missverstehen könnte als Unterwanderungsstrategie?

Hizmet-Engagierte treffen sich in Zirkeln, in denen sie gemeinsam den Koran auf der Basis der Schriften Gülens interpretieren. Vergleichbares tun auch Jesuiten und Jesuitenschüler mit dem Evangelium. Intransparent ist daran nichts.

Die Gülen-Bewegung habe ein reaktionäres Frauenbild – mag sein, aber das hatten Katholiken jahrhundertelang auch, und viele haben es heute noch. Daraus folgen auch noch keine zentral geplanten Unterwanderungsstrategien.

Alle diese Verdächtigungen sagen wenig über die Verdächtigten. Sie sagen dafür viel aus über Ängste und Angstanfälligkeit in Zeiten der Hetze.

Ich lernte Mitglieder der Gülen-Bewegung als Rektor der Berliner Jesuitenschule in den Nullerjahren kennen. Sie waren am Austausch für Bildungsfragen interessiert. Wir veranstalteten gemeinsame Projekte mit muslimischen und christlichen Schülern. Ich durfte in großen Sälen zum Fastenbrechen sprechen und fand Interesse von frommen Muslimen an meiner christlichen Auslegung der Heiligen Schrift. Ich lernte Redakteure der Zeitschrift Zaman kennen; sie stellten sich der öffentlichen Diskussion und hielten Kritik aus, ohne sich als Opfer von Islamophobie dagegen zu immunisieren.

Ich traue in diesen Tagen des Hasses und der Hetze lieber meinen eigenen Augen und Ohren als der Propaganda und ihren Echos in der deutschen Öffentlichkeit. Eine Reform des Islam, ohne dass Muslime selbst zu Subjekten von Bildung werden, wird es nicht geben. Und das läuft über Schulen, mehr als über Moscheen. Was Christen für sich in Anspruch nehmen, dürfen Muslime auch für sich in Anspruch nehmen – nämlich Träger von Bildung zu sein, auch heute. Unterstellungen, Vorurteile, Hass und Hetze hingegen sind die Feinde von Bildung. Am Ende trifft es dann auch mich. Ich beteilige mich daran nicht. Ich bleibe lieber bei den Tatsachen, die ich mit meinen eigenen Augen sehe, und lese die Berichterstattung in Deutschland kritisch.

Was mich am meisten erstaunt und beeindruckt: Die Hizmet-Bewegung erduldet die Verfolgung durch Erdoğan und seine Anhänger, ohne ihrerseits in Hass-Sprache zu verfallen. Die Äußerungen Gülens aus dem Sommer 2016 – vielleicht eines in den Jahren spirituell gereiften Gülen – sind frei von Hass-Sprache. Vermutlich wird die Erfahrung der Verfolgung die Bewegung auf Dauer nicht nur verändern, sondern auch spirituell stärken, je weniger sie sich vom Hass anstecken lässt. Natürlich kann man das Ausbleiben von Hass-Sprache, von Gewalt, Suizidmorden und anderen Racheakten durch Hizmet-Anhänger auch wieder als besonders geschickte Taktik ansehen. Aber wer das tut, hat die Regeln eines rationalen Diskurses verlassen.

1.

Der Putschversuch und seine Folgen

Der 15. Juli 2016 in der Türkei

15. Juli 2016. Freitag. Ich bin beruflich in Nürnberg. Am Abend ist eine Informationsveranstaltung unserer Stiftung. Ich bin schon wieder im Hotel, da entdecke ich auf Twitter die ersten Nachrichten aus der Türkei:

Panzer auf den Straßen in Ankara. Soldaten besetzen den Flughafen Istanbul. Bomben auf das türkische Parlament. Putsch!

Mein erster Gedanke: Lieber eine schlechte Demokratie als ein Putsch! Ich poste den Satz auf Twitter und auf Facebook. Oft habe ich Erdoğan kritisiert, aber ein Putsch gehört nicht zur Demokratie.

Noch in der Nacht versuche ich so viele Informationen wie möglich zu bekommen. Im Internet kursieren unendlich viele Gerüchte. Alles ist in Aufruhr. Es gibt Nachrichten von Schießereien, tieffliegenden Militärflugzeugen, von Toten. Wer steckt dahinter? Wie ernst steht es um die Türkei?

Diese Nacht veränderte mein Leben. Ich bin hier aufgewachsen, bin deutscher Staatsbürger und überzeugter Demokrat. Schon in meiner Jugend wurde ich Mitglied erst der Jusos, dann der SPD. Und nun geschahen 2500 Kilometer entfernt Dinge, die mein Leben hier in Deutschland auf den Kopf stellten. Auf einmal war alles anders, in einem enormen Tempo. Die Ereignisse überschlugen sich: Nachts rollten die Panzer, morgens war der Putschversuch niederschlagen – und mittags war ich schuld. Nicht ich allein, aber alle, die mit Hizmet, der sogenannten Gülen-Bewegung, zu tun hatten. Ob in der Türkei, in Tansania, in den USA oder in Deutschland – wir alle – Tausende, nein, Millionen von Menschen rund um den Globus – werden beschuldigt, für etwas verantwortlich zu sein, was wir zutiefst ablehnen: Gewalt. Ich gelte als Sprecher der Hizmet-Bewegung in Deutschland und stehe ganz oben auf der Liste der Beschuldigten. Ich habe – schon seit Sommer 2015 – Einreiseverbot in die Türkei und bekomme seit dem 15. Juli 2016 übelste Beschimpfungen, ja sogar Morddrohungen. Ich stehe in engem Austausch mit der Polizei. Als Deutscher fühle ich mich sicher. In Deutschland funktioniert der Rechtsstaat. Doch natürlich habe ich Angst – auch um meine Familie. Die Stimmung ist nach wie vor aggressiv, auch hierzulande.

Einrichtungen der Hizmet-Bewegung werden beschimpft, beschmiert und beschädigt. In Gelsenkirchen werden in einem Jugendzentrum die Scheiben eingeworfen. In Stuttgart wird eine Schule von der Polizei bewacht. An DITIB-Moscheen hängen türkische Plakate, die verkünden, dass »Gülen-Anhänger« keinen Zutritt haben, dazu Listen mit den Namen der unerwünschten Personen. Vielerorts kursieren Boykott-Aufrufe, betroffen sind Dutzende Geschäfte, Restaurants und andere Einrichtungen, die sich, so der Vorwurf, zum Prediger Gülen bekennen. Im Internet schreibt jemand anonym: »Diese Menschen hätte man im Osmanischen Reich geköpft. Heute sollte man sie hängen.«

Der Vorstand der staatlich geförderten Kita »Frohsinn« in Augsburg, einer Hizmet-nahen Einrichtung, antwortet auf der Kita-Homepage: »An alle Erdoğan-Anhänger in Augsburg und Umgebung: Ich habe den Putsch nicht angezettelt. Unser Verein hat ihn nicht angezettelt. Falls ihr das trotzdem glaubt, dann macht es wie wirkliche Demokraten und geht den Rechtsweg. Aber lasst die Einrichtungen in Frieden!«

Dass es in der Türkei rumorte und dass ein Bürgerkrieg immer wahrscheinlicher wurde, davon war seit Monaten die Rede. In einzelnen Medien wurde sogar schon vor einem Putsch gewarnt, aber meist hatten Experten die dafür nötige Schlagkraft des Militärs bezweifelt. Ich war froh darüber. Politische Auseinandersetzung funktioniert mit Worten, nicht mit Waffen. In Deutschland ist das selbstverständlich. In der Türkei muss man das manchen Menschen erst erklären. Spätestens seit jener Juli-Nacht scheint derlei demokratisches Grundverständnis in der Türkei vergessen. Im ganzen Land herrscht seither der Ausnahmezustand. Grundlegende demokratische Rechte sind außer Kraft gesetzt. Presse- und Meinungsfreiheit ausgehebelt. Zehntausende Menschen mussten ihren Pass abgeben, dürfen das Land nicht mehr verlassen. Wissenschaftler können nicht mehr zu internationalen Kongressen reisen, Geschäftsleute nicht mehr zu Messen im Ausland, Privatpersonen nicht mehr zu ihrer Verwandtschaft außerhalb der Türkei. Die Gewaltenteilung von Exekutive, Legislative und Judikative – tragende Säule jeder Demokratie – gilt in der Türkei nicht mehr. Erdoğan und seine engsten Vertrauten beherrschen und entscheiden über alles.

Musste man bis dahin nach Berichten aus und über die Türkei in Deutschland gezielt suchen, so waren die deutschen Medien plötzlich voll von Nachrichten aus der Türkei. Im

Fernsehen liefen Sondersendungen mit Experten und solchen, die erst über Nacht zu welchen wurden. Doch so viel man auch berichtete, redete und analysierte: Jede Antwort schien neue Fragen aufzuwerfen. Was war da los? Wer steckte dahinter?

Konsequenzen für das Leben in Deutschland

Keine vierundzwanzig Stunden, nachdem der Putsch niedergeschlagen war, der Rauch hing noch über den bombardierten Häusern, hatte die türkische Regierung einen Schuldigen gefunden: Gülen. Fethullah Gülen habe den Putsch angezettelt, seine Anhänger hätten ihn ausgeführt. Es gab und gibt bis heute weder Bekennerschreiben noch Beweise; doch für Erdoğan und seine Minister gab und gibt es keinen Zweifel.

In der Nacht des Putschversuchs hatte Erdoğan die Bevölkerung aufgerufen, sich den Panzern entgegenzustellen, ihr Leben zu opfern. Viele folgten diesem Aufruf, 265 Menschen kamen dabei um. Kurz darauf nannte Erdoğan den Putschversuch »ein Geschenk Gottes«, der ihm die Möglichkeit gebe, das Land gründlich zu »säubern«.

Noch am gleichen Wochenende rollte eine Verhaftungswelle bisher unbekannten Ausmaßes durch die Türkei. In den folgenden Tagen und Wochen werden Tausende Menschen ins Gefängnis gebracht. Die Säuberungswelle trifft Soldaten, Journalisten, Akademiker, Piloten und Geschäftsleute. Wer nicht selbst im Visier des Staatsschutzes steht, kennt jemanden. Es ist eine Hexenjagd, schlimmer als die Verfolgung vermeintlicher Kommunisten in der McCarthy-Zeit in den 1950er-Jahren der USA.

Tausende landen zumindest vorübergehend im Gefängnis. Ihnen soll, so heißt es, irgendwann ein ordentlicher Prozess gemacht werden. Bis dahin sitzen sie wochenlang in Haft. Amnesty International beklagt unwürdige Zustände in den Gefängnissen. Im August kündigt Justizminister Bekir Bozdag an, 38 000 Kriminelle aus den Gefängnissen entlassen, um Platz zu schaffen für die vielen neuen Gefangenen. Im September passiert das dann tatsächlich. Rund 35 000 Menschen wurden zwischen Juli und November verhaftet und gegen weitere knapp 80 000 Ermittlungen aufgenommen. Der immer gleiche Vorwurf: Vorbereitung und Beteiligung am Putsch. Beweise: keine. Es trifft vor allem die intellektuelle Oberschicht. Schon bald wird gespottet: In den Gefängnissen hat die Türkei die größte Akademikerdichte der Welt!

Zehntausende vermeintliche Staatsfeinde macht Erdoğan aus. Woher die langen Listen mit ihren Namen auch stammten, wann und von wem sie auch vorbereitet wurden, nun werden sie systematisch abgearbeitet. Rund 105 000 Beschäftigte des öffentlichen Dienstes wurden bis Mitte November 2016 suspendiert. Darunter 8800 Mitarbeiter des Innenministeriums, 7700 Sicherheitskräfte, 4700 Militäroffiziere, 3500 Richter und Staatsanwälte, 5000 Akademiker, Uni-Präsidenten, Professoren, Schulleiter, 1500 Mitarbeiter der Religionsbehörde und, und, und. Dazu wurden 3500 Firmen und Einrichtungen geschlossen: 1300 Schulen, 15 Universitäten, 800 Wohnheime, 35 Krankenhäuser, 129 Stiftungen usw.

Solche Zahlen werden von einer Gruppe junger Journalisten auf der Webseite www.turkeypurge.com veröffentlicht, die dort auch transparent machen, wie sie arbeiten und was ihre Quellen sind. Die Zahlen stammen großteils von der türkischen Regierung selbst.

Die türkische Regierung erklärt offiziell und ungeniert, dass sie gerade im großen Stil Unternehmer und Selbstständige enteignet. Es gehe um ein Gesamtvermögen von vier Milliarden US-Dollar, das »den Gülenisten entrissen« werden müsse. Doch die Umsätze, die die enteigneten Unternehmen machen, gehen in dreistellige Milliardenhöhe. Die Maßnahmen treffen auch zahlreiche deutsche Unternehmen. Ein renommierter Herrenausstatter lässt seine exklusive Ware von einem türkischen Zulieferer in der Nähe von Izmir mit 4000 Leuten schneidern – das Unternehmen ist jetzt enteignet und wird unter staatlicher Zwangsverwaltung geführt, mit fatalen Folgen für die Wirtschaft. Betroffen von den wirtschaftlichen Folgen der Säuberungsaktionen sind rund 6000 Firmen mit deutscher Kapitalbeteiligung. Deutschland ist der wichtigste Handelspartner der Türkei. Es geht um viel Geld, verdammt viel Geld. Denn weil es um so viel geht, hüllen sich alle Betroffenen und Beteiligten in Schweigen. Bloß nicht den Zorn Erdoğans auf sich ziehen!

Dabei halten alle die Begründung der Säuberung für vorgeschoben. Sie lautet immer gleich: Die Verhafteten und Enteigneten seien Anhänger von Fethullah Gülen. Als Beweis reicht der Besitz von Büchern – oder die Denunziation durch irgendeinen Unbekannten. Die regierungsnahe Tageszeitung *Sabah* richtet im September 2016 eine Hotline ein, über die anonym »Gülen-Anhänger« angezeigt werden können, und zeigt Bilder von berühmten Künstlern, die das Volk »verraten« hätten. Wenn sich ein Beschuldigter der Verhaftung entzieht, wird kurzerhand seine Familie in Haft genommen. Wer dies Vorgehen offen kritisiert, gilt als Staatsfeind und Terrorist – so auch die beiden international bekannten Künstler, der Pianist Fazil Say und der Schriftsteller Orhan Pamuk, die – jedenfalls bis zum Druckbeginn dieses Buches – nicht verhaftet wurden. Ihre Prominenz schützt sie. Noch.

Das Tempo der Entwicklung ist rasant. Der Putschversuch. Die Niederschlagung. Die Erklärung des Ausnahmezustands. Die erste Verhaftungswelle., dann die zweite, die dritte und die vierte. Schließung und Beschlagnahmungen von Medienhäusern. Parallel die einerseits schockierte, andererseits aufgewühlte türkische Bevölkerung, die von Erdoğan immer wieder aufgefordert wird, auf die Straße zu gehen und zu demonstrieren. Das alles passiert binnen weniger Tage und dauert Wochen an.

Im gleichen Atemzug werden die Beschuldigungen und Vorwürfe gegen Gülen und seine vermeintlichen Anhänger immer aggressiver. Erst sind sie für den Putschversuch verantwortlich, dann für den Abschuss des russischen Militärflugzeugs Monate zuvor, dann für ein Grubenunglück im Vorjahr, dann für PKK-Terroranschläge in Südostanatolien und irgendwann für alles, was irgendjemandem missfiel. Absurdeste Behauptungen werden durch staatlich kontrollierte türkische Medien verbreitet: Dass Gülen gemeinsam mit der CIA den Putsch organisiert habe. Dass Gülen mit der PKK und dem BND unter einer Decke stecke. Dass Gülen vom Papst heimlich zum Kardinal gekürt worden sei. Dass Joachim Gauck der Imam der deutschen Hizmet-Bewegung sei und Angela Merkel ihre große Schwester.

Was albern klingt, ist bitterernst. Es herrscht eine Pogromstimmung, die bis nach Deutschland schwappt. Plötzlich gibt es auch hierzulande gewaltsame Übergriffe gegen Einrichtungen türkischer Migranten. Die Hexenjagd geht von der Botschaft und den Konsulaten aus und wird von Mitarbeitern des türkischen Geheimdienstes, von der Moscheegemeinde DITIB, vom AKP-Ableger UETD und von Millî Görüş in die breite Bevölkerung getragen. Es gibt Morddrohungen und Beschimpfungen, Boykottaufrufe und Sachbeschädigungen. Gläubige Muslime werden aufgefordert, nicht mehr in bestimmten Geschäften zu kaufen. Eltern wird gedroht, sie bekämen Schwierigkeiten, wenn sie ihre Kinder nicht von der Schule abmelden.

Das alles wirkt, weil auch die in Wuppertal, München oder Offenbach lebenden Deutsch-Türken mitbekommen, dass Bekannte Einreiseverbote in die Türkei erhalten, dass dort Besitz beschlagnahmt wird, dass Menschen verhaftet werden.

Man stelle sich vor, in Deutschland würden die »Steiner-Anhänger« in gleicher Weise verfolgt. Wessen Kind einen Waldorf-Kindergarten oder eine Waldorfschule besucht, wer ein Konto bei der GLS-Bank hat, wer sein Haus mit Auro-Naturfarben streicht oder bei dm, tegut oder Alnatura einkauft, wird verhaftet und als Terrorist verfolgt. Unvorstellbar? In der Türkei für die »Gülen-Anhänger« Realität. Und in Deutschland leider auch.

In Deutschland werden Mitarbeiter von türkischen Unternehmen entlassen. Inoffiziell weiß jeder, dass die Betroffenen Hizmet nahestehen. Offiziell gibt es andere Begründungen. Nicht alle Fälle landen vor dem Arbeitsgericht, weil diese Art von Widerstand Folgen für die Verwandtschaft in der Türkei haben könnte. Manche Eltern nehmen ihr Kind von der Schule, die Hizmet nahesteht, weil sie wissen: Wer nach drei Jahren Verfolgung von Hizmet-Engagierten in der Türkei selbst jetzt noch sein Kind auf eine solche Schule gibt, steht unter größtem Verdacht. Manche schimpfen möglichst laut und möglichst öffentlich auf Gülen, weil sie Sorge haben, selbst vom Bannstrahl der türkischen Regierung getroffen zu werden. Schließlich hatten sie mal ein Konto bei der renommierten Bank Asya, oder weil sie mal die anspruchsvolle *Zaman* abonniert hatten. Die Bank Asya war einmal die viertgrößte Bank der Türkei und steht jetzt als »Gülen-Bank« unter staatlicher Zwangsverwaltung. Die *Zaman* war einmal die größte Tageszeitung der Türkei mit 1,2 Millionen Abonnenten, wurde im Juli 2015 als »Gülen-Medium« unter Zwangsaufsicht gestellt und ist inzwischen ganz vom Markt.

Die Menschen bekommen Angst. Und zwar nicht nur deutsche Bürger mit türkischen Wurzeln. Selbst deutsche Journalisten haben Angst, Artikel zu veröffentlichen, in denen sie sich positiv über Gülen äußern. Sie fürchten, an der türkischen Grenze zurückgeschickt zu werden – wie es dem ARD-Korrespondenten Volker Schwenck tatsächlich passiert ist.

Das Ganze nimmt Ausmaße an, die auf höchster politischer Ebene mehr als bedrohlich wirken. Deutsche Bundestagsabgeordnete dürfen ihre Soldaten am türkischen NATO-Standort in Incirlik nicht besuchen. Der türkische Botschafter wird aus Berlin abgezogen. Erdoğan trifft sich mit Putin. Türkische Panzer fahren in Syrien ein. In Köln kommen Zehntausende Menschen zu einer Großdemonstration zusammen, schwenken türkische Nationalfahnen und skandieren Pro-Erdoğan-Slogans und fordern die Einführung der Todesstrafe.

Verwirrung in den deutschen Medien: Wer ist gut, wer ist böse?

Die deutsche Öffentlichkeit scheint überfordert. Die Politik auch. Wer kämpft hier eigentlich gegen wen? Wer ist gut, wer ist böse? Wer hat welche Interessen und wer gehört zu wem? Bevor eine Frage gestellt, geschweige denn beantwortet werden kann, passiert schon das Nächste und wirft neue Fragen auf.

Die deutschen Medien versuchen mit den Verwicklungen Schritt zu halten. Von türkischer Innenpolitik haben nur wenige fundierte Kenntnis. Wissen über Kemalisten, Aleviten, Sunniten, die Kenntnisse über diverse Strömungen des Islam – das alles ist jetzt erforderlich, aber wer weiß wirklich Bescheid? Zur Überraschung vieler entpuppen sich die Türken in Deutschland als eine nicht-homogene Gruppe, als ein Sammelsurium unterschiedlichster, untereinander zerstrittener Splittergruppen. Niemand versteht so richtig, wer mit wem worüber streitet.

Und dann immer wieder dieser Name: Gülen. Die meisten Redaktionen wissen anfangs kaum, wer das ist und auch später nicht, was sie von ihm halten sollen, angesichts der Flut an Meldungen aus der Türkei, die unermüdlich die eine Botschaft wiederholen: Gülen ist schuld und den »Gülen-Anhängern« nicht zu trauen. Wird etwas nur oft genug wiederholt, wird es irgendwann zur Wahrheit: Gülen ist ein Terrorist. Die türkischen Machthaber dachten sich für die – zum Sündenbock auserkorene – große Gruppe von engagierten frommen Demokraten eigens einen Namen aus: »FETO – *Fethullah Terrorist Organisation*«. Das klingt schlagzeilentauglich nach internationaler Terrororganisation. Doch anders als ETA, IRA, PKK, ISIS, RAF oder NSU ist FETO nicht die Selbstbenennung einer Kämpfergruppe, sondern die Erfindung einer Staatsmacht, die nichts auslässt, um die demokratische Grundordnung außer Kraft zu setzen.

Selbst kritische Journalisten aus renommierten deutschen Medienhäusern lassen sich von der türkischen Propaganda beeinflussen. Irgendetwas muss ja schließlich dran sein an all den Vorwürfen!

Währenddessen versucht die türkische Regierung sogar, deutsche Behörden zur Beobachtung und Kriminalisierung der Hizmet-Bewegung zu veranlassen. Ihr Vorgehen ist aggressiv, die Verunsicherung groß. Dabei haben deutsche Behörden bereits vor Jahren festgestellt, dass die Hizmet-Bewegung keinerlei Bestrebungen gegen die demokratische Grundordnung unternimmt.

Wir *Menschen in Hizmet* sind Bürger dieses Landes. Wir sind Akademiker, Ärzte und Ingenieure, wir sind so etwas wie die neue deutsch-türkische Mittelschicht. Doch angesichts des Ausmaßes und der schieren Masse an Vorwürfen fragen sich viele Menschen, ob die türkische Regierung und die Gülen-Gegner nicht Recht haben – und bestenfalls uns, was dran ist an den Vorwürfen.

Crashkurs Türkei – der Konflikt in zwanzig Minuten erklärt

Schon am Samstagnachmittag – keine vierundzwanzig Stunden nach dem Putschversuch – telefonierten meine Bürokollegen und ich mit den ersten Journalisten. Es ging um eine Sondersendung der Anne-Will-Talkshow gleich am Sonntag, zwei Tage nach dem Putsch. Niemand von uns war eingeladen, aber die Redaktion war dankbar, dass wir ein paar Hintergründe und Zusammenhänge erklären konnten. Es folgten zahllose weitere Anfragen, Interviews, Hintergrundgespräche. Absurderweise suchte man nun endlich, was wir seit Jahren anboten: den Dialog mit der Bewegung.

Doch selbst hier spürten wir den Einfluss der türkischen Regierung: Ich wurde zu einer Talkshow erst ein-, dann wieder ausgeladen. Ein AKP-Vertreter weigerte sich, mit mir als »Gülenisten« zu diskutieren. Stattdessen drehte man einen Einspieler mit mir, der im Laufe der Sendung gezeigt wurde. Unter echtem Dialog stelle ich mir etwas anderes vor, aber ich kann verstehen, dass die Redaktion sich entscheiden musste.

Dennoch: Endlich interessierten sich die deutschen Medien für die Ereignisse in der Türkei. Noch wenige Monate vorher hatte ich versucht, in unterschiedlichen Redaktionen auf die Lage in der Türkei hinzuweisen; bot an, Gastkommentare zu schreiben oder Interviews zu geben. Da bekam ich nur Absagen. Jetzt wandelte sich die Lage deutlich. Permanent klingelte das Telefon. Es kam eine Mailanfrage nach der anderen. Die Journalisten stellten alle die immer gleichen Fragen zur Türkei, zum Islam, zu Gülen und zur türkischen Community in Deutschland.

Der Haken: Sie alle hatten nur 20 Minuten Zeit. Wie sollte ich diese fundamentalen Fragen in so kurzer Zeit beantworten? Ich versuchte mein Bestes. Nach und nach lernte ich, wie ich den Crashkurs Islam, den Crashkurs Türkei und den Crashkurs Gülen in immer knapperen Worten rüberbringen konnte. Ich lernte, dass Journalisten schnell griffige Antworten brauchen und dass die Komplexität auf ein Minimum reduziert werden muss.

Die Darstellung des Konfliktes zwischen Erdoğan und Gülen reduziert sich meist auf die Formulierung »Machtkampf zweier Männer« und »Aus Verbündeten wurden Feinde«. Das ist kurz und griffig. Die Wahrheit ist eine andere. In den Wochen nach dem Putschversuch lernte ich, in wenigen Minuten verständlich zu machen, dass Erdoğan und Gülen sich nur drei Mal begegnet sind, und dass Erdoğan anfangs die Nähe zu Gülen gesucht hat, weil er wusste, dass viele Menschen Gülen vertrauen. Dabei stehen Erdoğan und Gülen für ein unterschiedliches Islam-Verständnis:

Erdoğan vertritt einen politischen Islam, in dem Andersdenkende und Minderheiten keinen Platz haben. Außerdem will er ein Staatssystem aufbauen, das auf ihn zugeschnitten ist. Gülen dagegen steht für einen mystischen Sufi-Islam, der viel Wert auf das Individuum legt. Er tritt für eine zeitgemäße Interpretation des Islam ein, in der es eine klare Trennung zwischen Staat und Religion gibt.

Diese beiden völlig unterschiedlichen Islam-Interpretationen konnten eine Zeit lang zusammenkommen, weil der in der Türkei lange vorherrschende Kemalismus alle anderen politischen Bewegungen unterdrückte – insbesondere religiöse Bewegungen. Doch als Erdoğan ab 2012 immer autoritärer wurde und selbst versuchte, andere zu unterdrücken, begann ein Prozess der Entfremdung. Die Menschen in der Hizmet-Bewegung wollten Erdoğans Politik nicht länger unterstützen und kritisierten ihn öffentlich. Seither führt Erdoğan einen Krieg gegen alle *Menschen in Hizmet* – mit Verleumdung und mit allen Mitteln staatlicher Repression.

Woher rührt der Hass gegen die Hizmet-Bewegung? Das werde ich oft gefragt. Ich frage zurück: Woher rührt der Hass gegen Schwarze, gegen Frauen, gegen Juden, gegen Minderheiten? Wer darauf nach einer Antwort sucht, tappt schnell in die Falle der Verleumdung. Es sind nicht die Eigenschaften einer Gruppe, die sie zu Verfolgten machen. Es sind die Eigenschaften der Verfolger. Hass sagt mehr über den Hassenden aus als über den Gehassten. Gülen und die Hizmet-Bewegung sind Sündenböcke für Türken, die eine Ausrede brauchen, um zu tun, was sie tun.

Unbeirrt: Einladung zum Dialog

Erdoğan hat bis zum Druckbeginn dieses Buchs, also vier Monate nach dem Putsch, immer noch keinen einzigen Beleg dafür vorgelegt, dass der Putsch von Hizmet angestiftet wurde. Schon seit Jahren versucht er gegen Hizmet vorzugehen. Nun hat er den Vorwand. Deshalb hat er den Putsch als »Geschenk Gottes« bezeichnet. Erdoğan hat wiederholt gesagt, er wünsche Gülen den Tod durch Erhängen. Gülen antwortete darauf, er bete, dass Erdoğan nicht mit seinen Taten vors Jüngste Gericht treten müsse.

Manche Journalisten nehmen sich mitten in dem Aufruhr Zeit für echte Fragen – auch wenn dafür oft erst *nach* dem hektischen Interview oder *nach* der Sendung Gelegenheit ist. Die wiederkehrende Reaktion: »Das klingt doch alles toll! Das ist doch der Islam, den wir uns in Deutschland wünschen. Warum machen Sie denn nicht mehr Öffentlichkeitsarbeit?«

Hizmet zu erklären braucht mehr als 20 Minuten. Dieses Buch will es auf 200 Seiten versuchen. Am Abend des Putschversuchs war dieses Manuskript eigentlich abgeschlossen. Es sollte am 25. Juli in den Druck gehen und vor der Buchmesse im Oktober erscheinen. Über Nacht war alles anders! Ich habe alles noch einmal neu sortiert und auf den aktuellen Stand gebracht.

Zwanzig Jahre Geschichte von Hizmet in Deutschland, der Hintergrund der Bewegung in der Türkei und in 160 anderen Ländern auf der Welt – die Vorgeschichte ist nicht nur lang, sondern auch kompliziert.

Das türkische Wort Hizmet bedeutet »Dienst«, »Engagement« oder »Service«. Wir reden also von der »Engagement-Bewegung« (*Hizmet Hareketi*), von »Menschen, die sich engagieren« (*Menschen in Hizmet*) und von »Gemeinde« oder »Community« (*Cemaat*). In Deutschland lassen sich der Bewegung etwa 150 000 Menschen zuordnen. Wenn im Folgenden von Hizmet, *Menschen in Hizmet* oder Hizmet-Bewegung die Rede ist, so entspricht dies unserem Selbstverständnis. Gleichwohl wird in der deutschen Öffentlichkeit eher von »Gülen-Bewegung« gesprochen. Diese Bezeichnung wurde in der

Türkei von Gegnern der Hizmet-Bewegung etabliert, um die Menschen in der Hizmet-Bewegung nicht als eigenständige Persönlichkeiten, sondern als »Anhänger« eines »Führers« zu diffamieren. Aus pragmatischen Gründen benutzen auch Menschen aus der Bewegung diese Bezeichnung. Sie sind inzwischen selbstbewusst genug, um den ursprünglich negativen Unterton zu ignorieren. Und sie zeigen damit offen die Zuordnung zum geistigen Anreger und Initiator.

Sie engagieren sich in über 300 Vereinen, die seit den 1990er-Jahren in Deutschland entstanden sind. Sie unterliegen den gleichen Transparenzregeln wie alle anderen Vereine in Deutschland. Es gibt 30 Hizmet-nahe Schulen, die unter staatlicher Aufsicht stehen und regelmäßig sehr genau, oft sogar genauer als andere, von den zuständigen Stellen geprüft werden. In Österreich gibt es zwei Schulen, das Friede-Institut für Dialog, eine Wochenausgabe der *Zaman*, die jetzt allerdings eingestellt wurde, und mehrere Kulturzentren und Nachhilfevereine. Auch in der Schweiz gibt es eine Schule, ein Dialoginstitut und mehrere Nachhilfezentren. In Genf sitzt die – in der Türkei gegründete und Hizmet-verbundene – Stiftung der Journalisten und Schriftsteller (*Gazeteciler ve Yazarlar Vakfı*, kurz GYV), die einzige türkische Institution, die als Partner des UN-Wirtschafts- und Sozialrats Ecosoc anerkannt ist, eines der sechs Hauptorgane der Vereinten Nationen.

Um einen zentralen Ansprechpartner der Bewegung in Deutschland zu schaffen, habe ich 2013 gemeinsam mit 80 Stiftern die »Stiftung Dialog und Bildung« gegründet. Kongresse mit Wissenschaftlern unterschiedlichster Fachrichtungen gab es schon vorher. Es gibt auch schon Veranstaltungen mit Bundestagsabgeordneten, mit Vertretern unterschiedlichster Religionen. Es gibt Webseiten, Zeitungen und Magazine.

Wer mehr über uns wissen wollte, konnte die Informationen schon immer finden – nur war das Interesse bislang nicht sehr groß. Das geben auch die Journalisten zu, wenn ich auf ihre Frage zur Intransparenz zurückfrage: Waren Sie auf einem unserer Kongresse? Haben Sie eine unserer Schulen besucht? Die mediale Wahrnehmung hat sich verändert. Unsere Bewegung ist die gleiche geblieben.

Wer sich aus dem Dunkel der sozialen Medien heraustraut und direkt mit uns in Kontakt tritt, kann sich ein eigenes Urteil bilden. Viele Bürgerinnen und Bürger tun das tagtäglich: Wissenschaftler, Eltern, Schüler, Lehrer, Pastoren und Pfarrer, Rabbiner und Imame, Politiker und viele andere Bürger. Es gibt einen Hizmet nahestehenden Wirtschaftsverband, in dem Unternehmer zusammenkommen, die insgesamt etwa 40 000 Mitarbeiter aller möglichen Religionen und Nationen beschäftigen.

Alle diese Menschen wissen, dass sich in der Hizmet-Bewegung größtenteils ganz normale, freundliche und harmlose Menschen engagieren. Manche trauen sich nicht mehr, das laut zu sagen, weil sie dann selbst als »Gülen-Anhänger« gelten und Sanktionen fürchten. Wir haben ein prominent besetztes Stiftungs-Kuratorium, dessen Mitglieder auf unserer Webseite namentlich zu finden waren – bis man uns bat, sie von der Webseite zu nehmen, da einzelne Kuratoriumsmitglieder Drohungen aus der Türkei bekamen.

In solchen Momenten ruft dann immer jemand: Seht ihr! Selbst XY zieht jetzt seine Unterstützung für die Gülenisten zurück!

Und wieder gerate ich in Erklärungsnot und muss die Bewegung, wie so oft, verteidigen, die implizierten Unterstellungen offenlegen und die Vorwürfe zurückweisen. Kaum jemand fragt neutral und offen interessiert. Fast immer verbergen sich hinter den Fragen Beschuldigungen, wenn auch indirekt: Was sagen Sie denn zu den Putsch-Vorwürfen? Wieso werden Sie von der türkischen Regierung so gehasst? Warum werden Sie beschuldigt, ein Geheimbund zu sein? Stimmt es, dass Sie den Staat unterwandern wollen? Sie sind doch eine Sekte, oder?

Selbst scheinbar neutrale Fragen gleichen einem Kreuzverhör: Wie stehen Sie zu Demokratie und Menschenrechten? Was halten Sie von Homosexualität? Sind Frauen und Männer gleichberechtigt? Wie ist Ihre Meinung zum Völkermord in Armenien?

Ich kann mir nicht vorstellen, dass die Geschäftsführer anderer Bildungsvereine oder Stiftungen solche Fragen jemals beantworten mussten.

Wer sind Sie? Was wollen Sie? Was tun Sie? Selbst einfache, offene Fragen kann ich nicht mehr neutral beantworten, weil immer andere Stimmen zu hören sind: Glaub denen kein Wort! Das ist alles nur Kulisse! In Wahrheit sind die ganz anders! Die meisten Menschen, die so etwas sagen, bleiben anonym – aus Angst, wie sie behaupten. Dabei bin ich es, der Morddrohungen erhält.

Es ist eine Herausforderung, inmitten des zornigen Lärms ruhig und sachlich zu bleiben, um die eigene Arbeit und das eigene Wertesystem darzustellen. Aber: Demokratie und Verständigung leben von Kompromissen. Wahrheit braucht Zwischentöne. Die Wirklichkeit ist nicht schwarz-weiß, sondern grau in allen Schattierungen. Toleranz und Dialogbereitschaft erfordern Anstrengung – vor allem in Zeiten anonymer Hassreden im Netz, in denen abweichende Meinungen niedergebrüllt werden und tätliche Angriffe auf Menschen anderer Meinung, anderen Aussehens, anderer Sprache oder Religion zum Alltag gehören.

Viele Menschen in Deutschland sind von den Entwicklungen in der Türkei direkt oder indirekt betroffen. Der Großvater, der im Sommer seine Enkel in Deutschland besucht, wird von einem Tag auf den anderen in die Türkei zurückbeordert, weil er Beamter ist. Der Universitätslehrer kann nicht zur Hochzeit seiner Cousine reisen, weil er als Akademiker ein Ausreiseverbot hat. Der renommierte Physiker kann nicht zum Kongress fliegen, um seine Forschungsergebnisse zu präsentieren. Der türkische Handelspartner einer deutschen Modekette wird erst kurzzeitig verhaftet, dann enteignet und sitzt nun mittellos auf der Straße – genau wie seine nunmehr arbeitslose Belegschaft.

Eines Julimorgens saß der Chefarzt einer Universitätsklinik bei mir im Berliner Büro, unsicher, ob er nach Kayseri zurückfahren soll. Er fürchtete, verhaftet zu werden und die Todesstrafe zu riskieren. Seinen Job ist er sowieso los. Die Schule seiner 12-jährigen Tochter ist geschlossen; keine andere Schule will sie aufnehmen. Er fragt sich, wie sein Leben weitergehen soll. Er fürchtet, die Eigentumswohnung nicht mehr verkaufen zu können. Wie soll er seine Familie schützen und seine Existenz bestreiten? Er hat Angst. Wir alle haben Angst.

Wie soll es weitergehen? Mit der Türkei? Mit den Türken in Deutschland? Mit Hizmet? Mit der Weltpolitik?

Die Türkei fordert Gülens Auslieferung. Die USA sehen dafür keine rechtsstaatlichen Beweise, gleichzeitig wollen sie den wichtigsten NATO-Partner nicht vor den Kopf stoßen. Es geht um große Debatten: IS, Syrien, Kolonialismus. Alle reden durcheinander. Wem soll man glauben? Was stimmt?

Ich weiß nicht alles. Aber ich will versuchen, die vielen miteinander verhedderten Fäden zu sortieren und ein bisschen Struktur in das Durcheinander zu bringen. Für manches werde ich ein paar Seiten Zeit brauchen, anderes wird klingen wie eine Verteidigungsrede. Die türkische Zivilgesellschaft steht mit dem Rücken zur Wand, aber wir *Menschen in Hizmet* werden weiterhin Gesicht zeigen!

2.

Hizmet in Deutschland – ein Missverständnis

Hizmet und die Gerüchte – zwischen Postillon und Wikipedia

Direkt am Tag nach dem nächtlichen Putschversuch erklärte die türkische Regierung den Prediger Fethullah Gülen für schuldig und fordert seither die Politiker aller Länder weltweit auf, »die Gülen-Anhänger auszuliefern«.

Die amüsanteste Reaktion auf diese Forderungen lieferte das deutsche Online-Satiremagazin *Postillon*. Dort wurde am 29. Juli 2016 unter der Überschrift »›Macht dann 10 Millionen Euro‹: Deutschland liefert 500 Gülle-Anhänger an Erdoğan aus« eine frei erfundene Meldung veröffentlicht:

> »*Berlin, Izmir (dpo) – Bestellt ist bestellt: Die Bundesrepublik Deutschland hat dem türkischen Präsidenten Recep Erdoğan die Lieferung von 500 Gülle-Anhängern in Rechnung gestellt, die heute in einem Containerschiff in Izmir ankamen. Zuvor hatte Erdoğan den deutschen Staat darum*

gebeten, ›Gülen-Anhänger [sic!] an die Türkei auszuliefern‹.

›Wir wünschen Herrn Erdoğan viel Spaß und frohes Schaffen mit seinen neuen Gülle-Anhängern der Marke Dungmaster 3000‹, erklärte heute Regierungssprecher Steffen Seibert. ›Wir hoffen, dass 500 Stück zum Freundschaftspreis von je 20000 Euro vorerst ausreichen, da in der Bestellung keine konkrete Zahl genannt wurde. Möchte die Türkei die 10 Millionen Euro bar bezahlen oder direkt mit unserem Flüchtlingsdeal verrechnen?‹

Um derartige Fragen im Vorfeld zu klären, bat die Bundesregierung darum, dass Erdoğan größere Mengen an landwirtschaftlichem Gerät künftig über die Wirtschaftsministerien der beiden Länder abwickeln möge. ›So ist das eigentlich üblich. Da gibt es auch Bestellzettel, in die sich genau eintragen lässt, wie viele Geräte von welcher Marke benötigt werden‹, so Seibert. ›Außerdem schleichen sich dann keine irritierenden Rechtschreibfehler wie ›Gülen-Anhänger‹ statt ›Gülle-Anhänger‹ mehr ein.‹

Als Zeichen der besonderen Beziehung zwischen den beiden Ländern habe man die 500 Gülle-Anhänger gratis mit gutem deutschem Qualitätsflüssigmist befüllen lassen, so Seibert. Die Bundesregierung begrüße es ausdrücklich, dass sich Erdoğan nun wieder mehr auf die Landwirtschaft konzentrieren möchte, anstatt die Pressefreiheit einzuschränken und massenhaft Menschen zu verhaften.«

(www.der-postillon.de)

Diese absurde Meldung wurde im Netz 50 000-mal geteilt; ich nehme an, überwiegend von belustigten deutschen »Gülen-Anhängern«. Erdoğan-Anhänger würden eine ähnliche Verballhornung als Majestätsbeleidigung verstehen und sich aggressiv zur Wehr setzen. Sie beschwören die Einheit aller Türken und halten Dialog und Toleranz gegenüber Minderheiten für ein Zeichen von Schwäche. Vor allem mit der Pressefreiheit haben sie so ihre Probleme. Von Satire-Freiheit ganz zu schweigen.

Der Artikel führt vor Augen, dass der Begriff »Gülen-Anhänger« bereits Teil einer absurden verleumderischen Propaganda ist. Niemand nennt sich selbst so. Es gibt Menschen, die sich in der Hizmet-Bewegung engagieren, die von Fethullah Gülen und seinen Schriften inspiriert ist. Aber der islamische Prediger Gülen ermutigt seine Mitmenschen zu selbstständigem Denken, unabhängigen Entscheidungen und autonomem Handeln. Für ihn sind Menschen, auch Gläubige, vor allem Individuen. »Gülen-Anhänger« wäre demnach ein Widerspruch in sich. Wie kann man jemandem anhängen, der Anhängerschaft ablehnt?

Anhänger hat dagegen ausgerechnet der, der mit vier Fingern auf sich selber zeigt: Recep Tayyip Erdoğan. Er will Massen bewegen und propagiert die Einheit der türkischen Nation. Vielfalt und Freiheit lehnt er ab. Er und seine AKP haben Anhänger, die sich uniform mit staatlich verteilten roten Flaggen, mit Transparenten des Präsidenten und mit martialischen Parolen – »Sag es und wir töten, sag es und wir sterben« – auf den Straßen versammeln.

Trotzdem kursieren auch in Deutschland immer wieder Gerüchte, dass die Hizmet-Bewegung gefährlich, zumindest dubios sei. Vor allem, dass sich hinter der Hizmet-Bewegung eine Sekte verberge, die ihre Mitglieder mit Gehirnwäsche an sich binde und als milliardenschwerer Konzern insgeheim die Unterwanderung der Gesellschaft, wenn nicht gleich die Übernahme der Weltherrschaft plane. Gemäß der Metapher »Wolf im Schafspelz« seien deswegen alle unsere Erklärungen zu Demokratie und Menschenrechten, zur Gleichberechtigung von Mann und Frau, zu Völkerverständigung und Toleranz in Wahrheit nur Nebelkerzen, um unsere eigentlichen Absichten zu verschleiern. Was wir wirklich wollen, ist offenbar so geheim, dass es niemand weiß. Nur eins steht fest: Es hat mit dem Islam zu tun.

Man könnte derlei als wilde Verschwörungstheorie von vereinzelten Spinnern abtun, die zu viele James-Bond-Filme geguckt haben. Doch tauchen solche Theorien auch in seriösen Medien auf. Früher oder später sind die Gerüchte Teil jeden Gesprächs, das ich mit neuen Interessierten über die Hizmet-Bewegung führe. Der Verdacht, dass wir eine Sekte sind. Der Vorwurf der Intransparenz. Die Frage nach unseren geheimen politischen Zielen. Misstrauen wirkt wie ein Gift, das sich im Körper verteilt, auch im Hinterkopf. Ganz gleich wie sympathisch, wie plausibel, wie überzeugend jemand meine Ausführungen findet, irgendwann kommt der Moment, in dem er sich fragen wird: »Und was, wenn die Tarnung perfekt und das alles nur gut gelogen ist?«

Hizmet – eine Sekte?

Vertrauen hat viel mit Vertrautsein zu tun. Misstrauen viel mit Fremdheit. Deswegen vertraue ich jemandem, den ich lange kenne, eher als einem Unbekannten. Letztens sagte eine Frau zu mir, die pöbelnden Betrunkenen, die rassistische Sprüche brüllten und den Arm zum verbotenen Hitlergruß reckten, seien ihr weniger suspekt als gescheitelte Männer in Anzügen, die ihr mit freundlichem Lächeln die Bibel oder andere religiöse Schriften anböten. Bei den Nazis wüsste sie immerhin, woher die kommen und wovor sie bei denen Angst haben muss. Die kenne sie schon seit Kindertagen. Die frommen Männer hingegen könne sie schwer einordnen.

Menschen, die sich in der Hizmet-Bewegung engagieren, pöbeln weder betrunken herum noch skandieren sie rassistische Parolen. Wir verfolgen – nüchtern und weltoffen – drei Ziele: 1. gesellschaftliches Engagement, 2. Dialog und Verständigung und 3. die Vermittlung eines zeitgemäßen Islam-Verständnisses. Eine Sekte ist gekennzeichnet durch strikte Verschlossenheit, Verbot für alle Mitglieder, in Austausch mit anderen zu treten, blinden Gehorsam und finanzielle Abhängigkeit.

Hizmet hingegen steht für Dialog und Offenheit. All unsere Vereine machen transparent, wer sie sind, was sie tun, wie Entscheidungen getroffen werden. Die Behörden haben Einblick in die Geschäftsberichte. Wir reflektieren unsere Ideen, diskutieren Meinungen, vertreten individuelle Positionen und üben uns in Selbstkritik. Wir suchen immer wieder den Kontakt mit anderen Organisationen, seien es andere religiöse Gruppierungen oder wissenschaftliche Einrichtungen. Wir haben zwei Jahrestagungen organisiert, in denen es nur darum ging, in Kontakt mit Hizmet-Experten zu kommen und zu erfahren, welche Kritik, aber auch welche Wünsche und Erwartungen sie an uns haben. Wer sich bei Hizmet engagiert, kann jederzeit entscheiden, ob und in welcher Weise er dabei ist. Es gibt keinen Eintritt, keine Aufnahme oder irgendwelche Rituale, die einen zur Bewegung gehören lassen. Man kann Mitglied in einem der vielen Vereine werden, aber natürlich auch jederzeit wieder austreten. Die Vorstände, die Mitglieder und die Engagierten sind vielfältig und heterogen und bei weitem nicht alle »Gülen-Anhänger«.

Unser gesellschaftliches Engagement zeigt sich vor allem im Bereich Bildung. Durch unsere Initiative sind weltweit tausende und auch in Deutschland schon 30 staatlich anerkannte Schulen entstanden. Dazu etwa 150 Nachhilfevereine. Wir veranstalten Mathematikwettbewerbe und internationale Kulturolympiaden. Dabei geht es zugleich um unser zweites Ziel: Dialog und Verständigung. Wir motivieren Menschen zu gesellschaftlichem Engagement, ob als Lehrer, Ingenieure, Politiker, Ärzte, Rot-Kreuz-Helfer oder Feuerwehrleute. Wir fordern sie auf, aktiv in der Gesellschaft mitzuarbeiten, statt sich in eine Art Parallelgesellschaft unter Migranten zurückzuziehen. In vielen unserer etwa 300 regionalen Vereine vergeben wir Auszeichnungen und Preise für gelungenen interkulturellen Dialog.

Auch die Vermittlung eines zeitgemäßen Islam-Verständnisses liegt uns am Herzen. In der islamischen Welt sind die Trennung von Staat und Religion, die Gleichberechtigung von Mann und Frau sowie die Vereinbarkeit von Islam und Demokratie ein reformerischer Ansatz. Natürlich haben wir das Ziel, dass sich dieses Islamverständnis in der muslimischen Community verbreitet. Deshalb gibt es viele Einrichtungen, die sich diesem Thema widmen. Bildung, Demokratie und ein menschlicher Islam gehören für uns zusammen – wobei wir offen sind für andere Religionen und bewusst den interreligiösen Dialog suchen. So sind Menschen aus der Hizmet-Bewegung auch an der Gründung des *House of One* in Berlin beteiligt, einem gemeinsamen Gotteshaus von Christen, Juden und Muslimen.

Natürlich möchten wir, dass viele Muslime in Deutschland unsere modernen Ideen teilen. In anderer Hinsicht sind wir eher konservativ. Wir trinken keinen Alkohol, beten fünfmal am Tag und fasten im Ramadan. Frauen haben bei uns dieselben Rechte wie Männer. Etliche unserer Einrichtungen werden von Frauen geleitet. Am Ende finden uns die einen schrecklich konservativ und die anderen viel zu liberal.

Indem wir Vielfalt, Toleranz und Nächstenliebe in den Mittelpunkt unseres Wertesystems stellen, passen wir in kein Schwarz-Weiß-Raster. Die Bewegung ist so vielfältig wie die Menschen, die sich darin engagieren. Manche sind Mitglieder der SPD, manche in der CDU und manche bei den Grünen. Wir haben Fußballfans und Marathonläufer in unseren Vereinen, Angestellte und Unternehmerinnen, Hausfrauen und moderne Väter – und in unseren Vereinen wird über alles gern diskutiert. Was uns alle verbindet, ist die tiefe Überzeugung, dass es Bildung braucht, um eine moderne Gesellschaft zu gestalten, aber auch um seinen Glauben überzeugt zu leben.

Doch wenn das alles so ist, wie gerade beschrieben – woher kommt dann die große Skepsis auch hierzulande? Man kann sich vorstellen, dass fanatische Islamisten in fernen Ländern das moderne Islamverständnis bei Hizmet nicht gutheißen. Genauso, dass es in der Türkei Leute gibt, die es nicht gern sehen, wenn jemand kritische Fragen stellt.

Aber warum steht selbst im Online-Lexikon Wikipedia, in dem sich zahlreiche Autorinnen und Autoren um Sachlichkeit und Neutralität bemühen, dass manche in der Hizmet-Bewegung eine »sektenähnliche Organisation« sehen? Warum zeigen sich erfahrene Politiker und Journalisten in Deutschland unsicher, ob es sich bei Hizmet um einen islamistischen Geheimbund oder eine vorbildliche Bildungsinitiative handelt?

Nun, es geht um Vertrauen und Fremdheit, um das Gift der ständigen Verleumdung und manchmal auch nur um einen kleinen Übersetzungsfehler. Ich werde versuchen, Ihnen das an einem möglichst konkreten, aber sehr folgenschweren Beispiel zu illustrieren.

Lichthäuser – was steckt dahinter?

Fethullah Gülen hat über sechzig Bücher geschrieben und Tausende von Predigten gehalten. Seine frühen Predigten sind nicht überliefert. Aus den 1960er- bis 80er-Jahren existieren Ton-Dokumente. Die undatierten Musikkassetten wurden unzählige Male kopiert und schließlich von engagierten Unbekannten verschriftlicht. So fanden Gülens gesprochene Worte von damals in gedruckte Bücher, die erst in jüngerer Zeit erschienen sind und aus dem Türkischen von Laien in alle möglichen Sprachen übersetzt wurden. Vor diesem Hintergrund sind Gülen-Zitate zu lesen und zu verstehen.

Irgendwann einmal verwendete der Prediger bei der Auslegung eines Koranverses das Wort *ışık evleri,* auf Deutsch »Häuser des Lichts«««. Er predigte über den Lichtvers, arabisch *āyat an-nūr,* der mit den Worten »Gott ist das Licht des Himmels und der Erde« beginnt (Sure 24, Vers 35) und von besonderer Bedeutung für die islamische Mystik ist. Zahlreiche Moscheen inszenieren in ihren lichtdurchfluteten Fenstern kalligrafisch diesen Vers. Dieser sehr poetische Text ist einer der berühmtesten, aber zugleich auch rätselhaftesten Verse. Die darin enthaltenen Gleichnisse und Metaphern haben Generationen von Gelehrten beschäftigt. Oft wird er mit dem muslimischen Gebot, sich Wissen anzueignen, verknüpft. Denn im Islam ist blinder Glaube nicht erwünscht. In den Hadithen heißt es: »Die Suche nach Wissen ist jedem Muslim eine Pflicht.«

Der islamische Mystiker Said Nursi, der Fethullah Gülen inspirierte, lehrte bereits zu Beginn des 20. Jahrhunderts, dass der größte Feind einer Gesellschaft Unwissenheit ist. Ihr müsse überall entgegengetreten werden, auch in der eigenen Wohnung. Diese müsse zur Stätte gemeinsamen Lernens und gegenseitiger Aufklärung, türkisch *Aydınlanma* werden. *Aydınlanma* lässt sich auch mit »Erleuchtung« übersetzen. Räume, in denen der Mensch sich bilden und aufklären kann, sind demnach Räume der Aufklärung oder auch Häuser des Lichts.

Zerrbild mit Folgen: Ein *Spiegel*-Artikel von 2012

Aydınlanma, Aufklärung, besitzt eine große Bedeutung für die Bildungsarbeit von Hizmet. Der Begriff Lichthaus jedoch wurde von *Menschen in Hizmet* nie verwendet. Trotzdem fand er in Verbindung mit Hizmet Einzug in die deutsche Medienwelt, als sich Maximilian Popp, ein ambitionierter junger Journalist, im Sommer 2012 einer skandalösen Geschichte auf der Spur glaubte: Einer religiösen Bewegung, die in Deutschland schon seit vielen Jahren Kindergärten und Schulen betrieb, aus denen gebildete Akademiker hervorgingen, die in Deutschland Machtpositionen bekleideten und Verantwortung übernahmen.

Anders als seinem Kollegen Martin Spiewak von der *Zeit*, der zwei Jahre vorher auf die Bewegung gestoßen war und in einem langen Artikel über die »Streber Allahs« erstaunt war, schien dem Nachwuchsjournalisten die Tatsache, dass bislang so wenig über diese Bewegung bekannt war, mehr als verdächtig. Prompt stieß er im Zuge seiner Recherchen auf einen weiteren jungen Mann, dessen Name nicht öffentlich wurde, der ihm aber in dramatischen Tönen die unzumutbaren Verhältnisse in den »Lichthäusern« der »Gülen-Bewegung« beschrieb:

Er habe keinen Frauenbesuch empfangen, keinen Alkohol trinken und nicht rauchen dürfen. Man habe fünfmal am Tag gebetet, man lebe sehr bescheiden ohne jeden Luxus.

Diese »Liste des Schreckens« wurde zur Grundlage für einen Artikel mit dem Titel »Der Pate«. Darin wird das Bild einer mafiösen Organisation gezeichnet, die systematisch die deutsche Gesellschaft unterwandert: Die Hizmet-Bewegung distanziert sich entschieden von Gewalt, Waffen, Alkohol und Frauenhandel, ihre Mitglieder prassen nicht in Luxus, sondern stehen für ein bescheidenes Leben, sie lesen viel, legen Wert auf Bildung und zwischenmenschlichen Dialog, und die Bücher der Bewegung sind nicht gesetzeswidrig, sondern ganz legal im Buchhandel zu erwerben.

Wer derlei für eine kriminelle Organisation, eine islamische Mafia hält, der interpretiert auch mein Bücherregal als reine Propaganda: »Im Regal stehen Texte von Fethullah Gülen, »Das Tagebuch der Anne Frank«, die »Bibel in gerechter Sprache«, ein Buch des protestantischen Theologen Heinz Zahrnt. Die Bücher scheinen wohlproportioniert ausgewählt: von allem etwas und bloß nichts Kontroverses. Sie sollen dem Besucher sagen: Seht her, wir sind die guten Muslime. Wir trauern um die Toten des Holocaust, wir sind auf der Höhe der theologischen Diskussion im Christentum, wir sind Demokraten.«

Ein Muslim, der den Holocaust verurteilt, ist offenbar undenkbar.

Auch ich habe in einem sogenannten »Lichthaus« gewohnt, in einer Wohngemeinschaft mit muslimischen Freunden. Und es stimmt: Wir haben zusammen gegessen und gefeiert, gefastet und gebetet und samstags zusammen Bundesliga-Fußball geschaut – zum Glück waren wir alle Dortmund-Fans. Wir haben nicht geraucht, keinen Alkohol getrunken und hatten in der WG keinen Frauenbesuch: Das alles schien uns vollkommen normal – so wie es in Veganer-WGs keine Grillpartys gibt und in Öko-WGs nicht mit Chemiekeulen geputzt wird.

Sohbets – Gesprächszirkel und Weltkulturerbe

Was viele Deutsche bei Hizmet an eine Sekte erinnert, sind die regelmäßigen Gesprächskreise, in denen wir gemeinsam spirituelle Texte lesen und über sie diskutieren. Zwar gibt es auch hierzulande Intellektuellentreffen oder Lesezirkel, aber das sind meist bürgerliche Salons ohne jeden spirituellen Bezug. Religiöse Bildung findet hierzulande vor allem in der Kirche statt. Aber auch bei den christlichen Pietisten gibt es Hauskreise und die sogenannte »Stund«, bei der Gläubige privat zusammenkommen, gemeinsam die Bibel lesen und sich über religiöse Fragen austauschen. Genauso predigt auch bei unseren Treffen keine institutionalisierte Autorität frontal, was zu tun ist. Stattdessen hören wir uns wechselseitig zu und fragen uns gegenseitig nach unserer Meinung und unseren Gedanken. Über alles sprechen wir in Ruhe und mit großem Respekt. Dabei ermutigen wir uns immer wieder, selbst Antworten zu finden und nicht aufzuhören zu fragen. Solche Treffen oder Unterhaltungen heißen auf Arabisch *Sohbets*, gesprochen »Sochbett« mit hartem *ch* wie bei »Dach«.

Wie diese Gesprächsrunden verlaufen, hängt im Wesentlichen von denjenigen ab, die solche *Sohbets* organisieren. Der eine wird vielleicht recht strikt im Vorfeld einen Text festlegen, den alle gelesen haben müssen, und wird dann streng und strukturiert einen Fragenkatalog abarbeiten. Die andere (ja, auch Frauen sind bei Hizmet aktiv!) wird sehr offen in den Gesprächskreis gehen und den *Sohbet* spontan mit den Anwesenden gestalten, je nachdem welche Themen angesprochen werden.

Als gläubige Menschen sind wir wie Christen und Juden überzeugt, dass die Welt von einem Schöpfer erschaffen wurde und dass der Mensch das am meisten geehrte Geschöpf in dieser Schöpfung ist. Doch das in jedem Menschen schlummernde gute Potenzial muss erst entwickelt und geschult werden. Dafür gibt es keinen festen Lehrplan, sondern das ist ein lebenslanges Lernen, ein weiter Weg der permanenten Verbesserung. Am besten sucht man sich einen spirituellen Lehrer, der schon mehr religiöse Erfahrung hat als man selbst. Mit diesem setzt man sich als Lehrmeister zusammen und versucht, von ihm zu lernen.

Diese Art des gemeinsamen religiösen Lernens stammt aus der prophetischen Tradition des sufischen Islam. Man versammelt sich um den Propheten und tauscht sich über Gott und die Welt aus. Dahinter stecken die Idee und die Erfahrung, dass man sich tiefes Wissen nur mithilfe eines physisch erreichbaren Lehrers aneignen kann, mit dem man möglichst viel Zeit verbringt. Denn neben allem, was sich in Worten sagen und verstehen lässt, findet zwischen Menschen immer auch eine wortlose Verständigung statt. Menschen sind einander Vorbild. Eltern erleben das, wenn ihre Kinder plötzlich ein Verhalten an den Tag legen, das nicht dem entspricht, was sie ihnen immer sagen – wohl aber dem, was sie tun. Das Verhalten der Eltern färbt stärker ab als alle erzieherisch durchdachten Worte. Erst wenn jemand sein Wissen im Alltag richtig anwendet, ist die Bedeutung des Wissens nachzuvollziehen. Radfahren, Jonglieren oder Debattieren lernt man nicht, indem man ein Buch darüber liest, sondern indem man es anderen nachtut und übt.

Sohbets stehen sogar auf der Liste des UNESCO-Weltkulturerbes. Seit 2008 gibt es dort neben den Gebäuden und Denkmälern eine Rubrik für immaterielle Kulturgüter, für schützenswerte kulturelle Praktiken also. In Deutschland stehen die Genossenschaftsidee, die Walz und die Brotkultur auf der Liste. *Sohbets* gelten seit 2010 als türkisches Weltkulturerbe, ebenso wie die Semah-Tänze der Aleviten, das Newroz-Fest der Kurden oder die türkische Kaffeekultur. Hierzulande mögen die Sohbets also dem einen oder anderen fremd sein, aber sie sind ein schützenswertes Kulturerbe.

Menschen in Hizmet sind gebildete, intellektuelle, kritisch denkende Muslime. Sie engagieren sich in ganz unterschiedlichen Bereichen, suchen den Dialog mit Andersdenkenden und engagieren sich für Bildung, setzen sich kritisch mit dem eigenen Glauben auseinander und interpretieren den Koran zeitgemäß. Hizmet als eine Sekte zu bezeichnen ist absurd.

Akribische Erforschung eines folgenschweren Enthüllungsberichts

Wer die Hintergründe der Lichthäuser und der *Sohbets* kennt, fände den *Spiegel*-Artikel von Maximilian Popp ziemlich lustig, wenn er im Postillon erschienen wäre. Doch der junge Autor meinte es bitterernst, und sein Artikel muss von erfahrenen Redakteuren gesichtet und freigegeben sein worden – immerhin hat die *Spiegel*-Redaktion einen Ruf als seriöses Nachrichtenmagazin zu verlieren.

Doch wie konnte aus einem anonymen Bericht über eine harmlose Studentenbude ohne Alkohol und Frauen ein Skandal werden, der in diesen seltsamen Enthüllungsbericht mündete?

Professor Christoph Bultmann von der Universität Erfurt hat sich dieser Frage gründlich gewidmet und am Ende ein ganzes Buch darüber geschrieben: *Gut gefälscht*. Inzwischen ist die Analyse des Religionswissenschaftlers in der dritten aktualisierten Auflage erschienen und er zeichnet darin mit großer Empörung sowie größter Akribie nach, wie sich der Skandal langsam zu einem solchen aufbauschte. Es begann alles damit, dass ein Zitat verfälscht wurde, um dann in Stille-Post-Manier an Größe und Einfluss zu gewinnen. Mit geradezu investigativem Ehrgeiz ist Bultmann jeder Spur nachgegangen, hat jede Quelle im Original überprüft, jede Übersetzung durch einen notariell beglaubigten Übersetzer vornehmen lassen und bis ins kleinste Detail belegt und festgehalten. Es ist der Versuch, nicht nur die wissenschaftlichen Mängel in der Arbeitsweise der zahlreichen Beteiligten aufzudecken, sondern auch auf die Fehler und vor allem Fehlschlüsse aus den Publikationen aufmerksam zu machen. Er hat unzählige Briefe geschrieben – und am Ende statt echter Antworten nicht mehr als Achselzucken und Hinweise auf die »Pressefreiheit« geerntet.

Bis auf eine Ausnahme: Da auch der Verfassungsschutz und damit das Innenministerium Baden-Württemberg sowie der Deutsche Bundestag in die ganze Sache involviert waren, gab es zur »Gülen-Bewegung« 2014 eine offizielle Auskunft der Bundesregierung. Darin heißt es, dass keine Erkenntnisse vorlägen, »dass die Fethullah-Gülen-Bewegung Bestrebungen gegen die freiheitlich demokratische Grundordnung verfolgt«.

Bultmanns Buch umfasst 200 eng bedruckte Seiten, und es dokumentiert sehr präzise, wie viel geistige Arbeit in einen fundiert recherchierten Artikel fließen müsste, aber eben leider nicht immer fließt. Wer das nachvollzieht, versteht, wie die negative Presseberichterstattung über die »Gülen-Bewegung« ihren Ausgang nehmen konnte.

Manipulation: Eine Predigt von Gülen

Am 24. Oktober 2011 hielt Fethullah Gülen vor seiner kleinen Gemeinde in Pennsylvania eine Predigt über die – nach einer längeren vielversprechenden Zeit der Waffenruhe – gerade wieder aufkeimenden Gewalttaten im kurdischen Teil der Türkei. Die auf Türkisch gehaltene Predigt wurde wie gewohnt im Internet als Videobotschaft veröffentlicht und ist dort bis heute – inzwischen sogar mit deutschen Untertiteln – zugänglich.

Wie für ihn typisch beschreibt Gülen in sehr drastischen Worten, wie sehr es ihn schmerzt, die Konflikte in der kurdischen Region mitansehen zu müssen, das Leid und die Not, die dort herrsche. Er fordert seine Zuhörer auf, sich auf den Kummer einzulassen, und zwar lautstark und mit Leidenschaft – zur Empfindsamkeit gehört es für ihn, die Qualen der Leidenden körperlich nachzuvollziehen, alles andere seien leere Lippenbekenntnisse. Er äußert sich verwundert darüber, dass es einem so mächtigen Staat wie der Türkei mit einer Millionen-Mann-starken Armee und Polizei und mit international kooperierenden Nachrichtendiensten nicht gelinge, einer kleinen Gruppe von vielleicht 500 Terroristen Einhalt zu gebieten, was selbst wenn es 5000 oder gar 50 000 Gewalttäter wären, doch möglich sein müsse.

Gülen spricht ausführlich darüber, was in den letzten dreißig Jahren an Friedensaktivitäten versäumt wurde. Er redet über den kurdischen Gelehrten Said Nursi und dessen pazifistische

Haltung und darüber, wie man mithilfe der islamischen Religion – und der gemeinsamen religiösen arabischen Sprache – miteinander ins Gespräch kommen müsste. Er bedauert die vielen falschen Strategien, die in der Vergangenheit angewandt worden seien, und dass die Methoden der Einschüchterung immer nur Hass und Wut erzeugt hätten, die von Generation zu Generation gewachsen seien. Doch noch gäbe es Hoffnung. Er wünscht sich, dass die Wege zum Geist der kurdischen Gesellschaft wieder geöffnet würden. Der Geist der Brüderlichkeit solle wiederbelebt, Konsens und Eintrachtsstrategien entwickelt werden.

Es folgt ein längerer Exkurs zur türkischen Außenpolitik, der in der Frage mündet, ob es vielleicht im Nahen Osten oder in der arabischen Welt Kräfte gäbe, die ein Interesse hätten, die Terroraktivitäten in der kurdischen Region zu unterstützen, um die Türkei in eine Verhandlungsposition zu zwingen. Relativ unverhohlen spielt Gülen auf die jahrzehntelange Praxis der Militärputsche an, bei denen in Konflikten »einige dem Treiben tatenlos zugesehen [hätten], um sich dann anschließend eine Legitimation zum Eingriff zu verschaffen.«

In dieser Zeit, in der die Emotionen hochkochten, so Gülen weiter, sei zu befürchten, dass noch ernstere Konfrontationen aufkeimten. Deswegen mahnt Gülen am Ende seiner Predigt zu Vernunft und Frieden. Man solle sich nicht provozieren lassen, denn das bedeute, es dem Banditen gleichzutun. »Er macht etwas, er tötet, zerstört, brandschatzt, demoliert; und auf dieser Seite brandschatzen und demolieren sie auch, dann hat man ein doppeltes Brandschatzen und Demolieren.« Und er endet mit dem Appell »Wir sollten uns nicht nach dem grausamen Prinzip der mehrfachen Vergeltung verhalten.«

Dann beginnt Gülen ein Gebet. Für einen Unkundigen ist dieser Wechsel der Textsorte eventuell kaum merkbar, denn

Gülen spricht nach dem Schluss-Appell einfach weiter: »Wir sollten uns nicht nach dem grausamen Prinzip der mehrfachen Vergeltung verhalten. Ich meine, jeder sollte am Anfang beten, jeder sollte sagen: Mein Allah, zwischen uns …« Aber er wechselt die Sprache. Statt Türkisch spricht er nun Arabisch. Und er wechselt den Adressaten seiner Rede. Hatte er vorher seine kleine Gesprächsrunde – und indirekt die virtuelle Netzgemeinde – angesprochen, so richtet er sich jetzt – gemeinsam mit seiner Gemeinde – direkt an Gott. Er bittet ihn, alle Beteiligten zur Vernunft zu bringen. »Bessere ihre Herzen, bessere ihre Köpfe!«

Nun steckt der Mensch in jedem seiner Gebete in dem Dilemma, dass Gott der Allmächtige ist, dass Gott als Allwissender keinen Ratschlag braucht und dass, wenn Gott es für richtig hält, manche Menschen unvernünftig handeln zu lassen, das eben nicht ein göttlicher Irrtum ist, sondern Ausdruck der göttlichen Vernunft, die sehr viel klüger ist als die menschliche je sein kann. Wenn der Mensch in seiner Dummheit also Gott per Gebet auffordert, etwas Kluges zu tun, dann ist das sehr hochmütig. In aller Demut müsse man im Gebet also eigentlich dafür danken, dass Gott in seiner unendlichen Weisheit die Welt so geschaffen hat, wie sie ist – auch wenn man nicht versteht, wozu das alles gut sein soll. Dann aber – und jetzt formuliert der Betende einen simplen menschlichen Wunsch – soll Gott wenigstens dafür sorgen, dass beim Kampf Gut gegen Böse am Ende die Guten gewinnen und die Bösen verlieren. In Gülens Gebetsform klingt das so:

»Wenn es welche gibt, denen du eine Besserung nicht gönnst und die eine Besserung nicht wollen, mein Allah, so kehre deren Unteres zum Oberen (Amen!), zerstöre deren Eintracht (Amen!), lass Feuer über ihre Häuser kommen, überziehe sie mit Klagen

49

und Wehklagen, schneide ihre Wurzeln ab (Amen!), trockne ihre Wurzeln aus und bereite ihrem Treiben ein Ende (Amen!).«

Und dann wendet sich Gülen wieder an seine Zuhörer und schließt seinen Vortrag: »Jede Nacht sollten unsere Menschen aufstehen und so beten, jedoch sollten sie die Angelegenheit zuerst auf die Güte, Rücksichtnahme und Allmacht sowie auf das Erbarmen Gottes verweisen. Jeder sollte so beten.«

Übersetzungshürden und Verständnisschwierigkeiten

Die Sprache Gülens ist nicht immer leicht verständlich. Der FAZ-Redakteur Rainer Hermann berichtete nach einer Begegnung mit Gülen: »Er spricht nicht das nüchterne moderne Türkisch. Ihn hätten auch die Osmanen verstanden. Heute ist es selbst für Türken eine Herausforderung, ihm zu folgen. In langen Sätzen verknüpft er Suren aus dem Koran, Aussprüche des Propheten und die Erfahrungen der Mystiker mit den Erfordernissen der modernen Welt, führt die Welt des Glaubens und der Lebenswirklichkeit zusammen.«

Eine solche Sprache sind wir in unserer schnellen, lauten Medienwelt, in der Nachrichten auf 140 Twitter-Zeichen zusammenschrumpfen, nicht gewohnt. Sprache wandelt sich mit der Zeit. Im heutigen Schulunterricht werden Goethe-Texte in modernisierter Form gelesen, weil die über zwei Jahrhunderte alte Ausdrucksweise kaum noch verstanden wird. Auch die Bibel, deren deutsche Übersetzung durch Luther bald 500 Jahre alt ist, befremdet oftmals durch seltsame Formulierungen. Deswegen gab es zu Beginn des 21. Jahrhunderts ein intellektuelles Großprojekt, bei dem vierzig weibliche und zwölf männliche Bibelwissenschaftler die biblischen Texte aus den ursprünglichen Sprachen in ein modernes Deutsch übertragen haben, das zugleich aktuellen wissenschaftlichen Erkenntnissen entspricht.

Aus der altbackenen Floskel »Ich aber sage euch«, wie die meisten Christen es aus Bibellesungen im Gottesdienst kennen, wurde beispielsweise die Satzformel »Ich lege euch das heute so aus«. Dabei berücksichtigten die Übersetzer, dass ein Rabbiner sich nicht als Überbringer, sondern als Interpret von göttlichen Botschaften verstand. Auch der historische Kontext soll nicht länger geleugnet werden: Eine »Magd« und ein »Knecht« waren im Römischen Reich eben »Sklavin« und »Sklave« – statt Luthers bäuerlicher Idylle ging und geht es um sehr harte soziale Realitäten.

Das Ergebnis *Die Bibel in gerechter Sprache* ist umstritten; denn dadurch werden alte Text-Gewohnheiten umgestoßen. und nicht nur das, es werden auch Bedeutungen verschoben.

Es ist etwas anderes, wenn Paulus (wie bei Luther) »Ich ermahne euch nun, liebe Brüder« sagt oder (wie in der Neuübersetzung) »Ich ermutige euch, Geschwister«. Ermahnen oder ermutigen – das griechische Wort *parakaleo* kann beides meinen. Und sind *adelphoi* nur die Brüder oder sind die Frauen mitgemeint? Wer übersetzt, fällt Entscheidungen und bewertet. Eine einzige »richtige« Übersetzung gibt es nicht. Wie bei jedem Versuch, Fremdes zu verstehen, spielen auch beim Übersetzen Vorurteile und Perspektiven eine wesentliche Rolle. Und dank Computer-Übersetzungen erfahren wir auch im Alltag längst, dass die pure 1:1-Übertragung von Vokabeln aus der einen in die andere Sprache nur absurdes Textkuddelmuddel hervorbringt.

Insofern könnte man wohlwollend unterstellen, dass es Menschen gibt, die den altmodischen Stil Gülens missverstehen und die durch die aporetischen Formulierungen in ihrer inneren Widersprüchlichkeit verwirrt werden. Aber wenn sich in der Übersetzung eine Predigt derart ins Gegenteil verkehrt und dann benutzt wird, um den Prediger und alle seine »Anhänger« zu diskreditieren, dann muss man sich schon fragen, ob es sich dabei um ein »fehlerhaftes Missverständnis« handelt oder um eine bewusste »Zitatfälschung«.

Ins Gegenteil verkehrt:
Gülens Aufruf zur Gewaltlosigkeit

Der Religionswissenschaftler Bultmann hat sich die Mühe gemacht, verschiedene Übersetzungen der Predigt Gülens nebeneinander zu stellen und zu vergleichen. So hat er quasi auf archäologischen Pfaden herausgefunden, wer von wem abgeschrieben hat und an welcher Stelle dabei welche Veränderung vorgenommen wurde.

Die Stille-Post-Kette reicht vom Original (24.10.2011) über einen knapp dreiminütigen Auszug der Predigt im türkischen Fernsehsender ROJ-TV (30.10.2011), einer darauf basierenden zusammenfassenden Übersetzung des Sprachendienstes des Deutschen Bundestags (November 2011), einer wiederum darauf basierenden Pressemitteilung von Bundestagsabgeordneten der Partei Die Linke (23.11.2011), einen Artikel in der türkischsprachigen Zeitung Taraf (11.12.2011), einer kleinen Anfrage von Mitgliedern der Fraktion Die Linke im Deutschen Bundestag (27.2.2012), bis zum *Spiegel*-Artikel (8.8.2012). Es folgen ein Bericht des Landesamtes für Verfassungsschutz von Baden-Württemberg (25.7.2014) und ein zweiter Artikel im *Spiegel* (25.7.2014). Darauf aufbauend finden sich zahlreiche weitere Artikel in diversen Tageszeitungen, es gibt verschiedene Film- und sogar Buchbeiträge.

Diese Stille-Post-Kette verlief nicht strikt linear: Nicht jeder greift auf die vorhergehende Quelle zurück. Manche Quelle speiste viele Weitersager; mancher Weitersager griff auf mehrere Quellen zurück – und glaubte dabei vielleicht sogar, verschiedene, voneinander unabhängige Quellen zu nutzen, die ihm dieselbe Information gaben – weswegen er sich ob des Wahrheitsgehaltes der Quellen besonders sicher fühlte. Jeder Weitersager veränderte die empfangene Botschaft, manchmal nur geringfügig, manchmal nur indem er die Botschaft in einen anderen Kontext setzte.

Doch das Wesentliche: Nachdem Weitersager Nummer 1, nämlich ROJ-TV, das Original von knapp 45 auf knapp 3 Minuten eingedampft hatte, nutzte niemand mehr das Original! Das ist insofern fatal, als genau an dieser Stelle die wesentliche Veränderung stattfand, genauer gesagt: die Verkehrung der Originalaussage ins Gegenteil.

Unter dem Beitragstitel »Die Kurdenfeindlichkeit Fethullah Gülens« behauptete ROJ-TV, Gülen habe den türkischen Staat und das Militär scharf kritisiert. In seiner Predigt rufe er »den türkischen Staat dazu auf, das Kurdenproblem nun nach 30 Jahren endlich entschieden anzugehen, und zwar unter vollem Einsatz aller militärischen Mittel und Truppen, Sicherheitsorgane und aller Organisationen des Geheimdienstes. Er ruft in diesem Zusammenhang auch ausdrücklich zur Zusammenarbeit mit internationalen Geheimdiensten auf und fordert am Ende die türkische Regierung unter Beschwörung der nationalen Einheit im Namen Allahs auf, die Kurden zu zerschlagen.«

Ein Übersetzungsfehler aus dem Türkischen ins Kurdische? Ein Missverständnis?

Wie im deutschsprachigen Wikipedia nachzulesen ist und auch schon im Oktober 2011 nachzulesen war, war ROJ-TV ein kurdischsprachiger Fernsehsender mit Sitz in Dänemark und laut Bundesamt für Verfassungsschutz das zentrale Informationsmedium der terroristischen Untergrundorganisation PKK. Bereits Mitte Juni 2008 hat das deutsche Bundesinnenministerium den Betrieb von ROJ-TV im Bereich der Bundesrepublik Deutschland deswegen verboten.

Jedenfalls lässt sich das »Missverständnis« mit diesem Wissen leichter nachvollziehen: Wer die Interessen der PKK vertritt, will die PKK als Vertreter *aller* Kurden darstellen. Und für den ist natürlich ein gegen die PKK ausgesprochener Fluch ein Fluch gegen *alle* Kurden. Und damit ist Gülen ein Feind *aller* Kurden. Und um seinen eigentlich zu Frieden aufrufenden Worten die Glaubwürdigkeit zu nehmen, wird ein religiös formuliertes Gebet an Gott, Gerechtigkeit walten zu lassen, und sei es in Form von göttlicher Gewalt, in ein Beweis-Zitat für das Gegenteil verwandelt. Gülens Aufruf zur Gewaltlosigkeit ist demnach ein Beweis seiner Kurdenfeindlichkeit!

Entwarnung: Verfassungsschutz und kleine Anfragen

Manipulation der Wirklichkeit, ohne jeden Zweifel. Und offenbar trotzdem für die Linkspartei eine glaubwürdige Quelle. In deren Auftrag fertigt der Sprachdienst des Bundestages eine Übersetzung des 2:54-Minuten-TV-Beitrags – wohlgemerkt nicht der Original-Predigt! – an. Die Linkspartei übernimmt daraus – vollkommen kritiklos und ohne jede politische Einordnung – einige Zitate, »korrigiert« dann die kleine grammatische

Ungereimtheit, dass der gekürzte Aufruf des Gelehrten im Plural beginnt und im Singular endet, verschärft die Brutalität – aus »zerschlagen« wird »vernichten« – und fertig ist die Beweislage für die Pressemitteilung:

»Graue Eminenz der AKP. Fethullah Gülen ruft zur Vernichtung der KurdInnen auf.« Im Text wird nun behauptet, Gülen habe die türkische Regierung unter Beschwörung der nationalen Einheit im Namen Allahs aufgerufen, die Kurden zu vernichten: »Lokalisiert sie, umzingelt sie [...] zerschlagt ihre Einheiten, lasst Feuer auf ihre Häuser regnen, überzieht ihr Klagegeschrei mit noch mehr Wehgeschrei, schneidet ihnen die Wurzeln ab und macht ihrer Sache ein Ende.«

Dass die Linkspartei der PKK nahesteht, ist kein Geheimnis. Die Linken-Abgeordnete Nicole Gohlke schwenkte auf einer Demonstration in München im November 2014 die PKK-Fahne, um sich für die Legalisierung der PKK einzusetzen, die in Deutschland seit zwanzig Jahren verboten ist. Dafür wurde ihre Immunität aufgehoben. Das Münchner Amtsgericht verwarnte sie und ordnete eine Spende von 1000 Euro an. Im Frühjahr 2015 stellte Die Linke im Bundestag einen Antrag zur »Aufhebung des Betätigungsverbots für die Arbeiterpartei Kurdistans PKK und Streichung der PKK von der EU-Terrorliste«. Sie tun das, weil sie die Entstehung der PKK »als eine Reaktion auf die jahrzehntelange blutige Unterdrückung der Kurden in der Türkei« betrachten und sich erhoffen, dass »eine Anerkennung der PKK ein wichtiges Signal an Ankara, den stockenden Friedensprozess fortzusetzen«, darstelle.

Das ist insofern eine heikle Argumentation, als wohl jeder Terrorist seine Gewalttaten als eine Verteidigung gegen die Aggression irgendeines anderen rechtfertigt. So gesehen wehrt sich auch der IS nur gegen die Kreuzzügler aus dem gottlosen Westen. Wer zwischen guter und schlechter Gewalt unterscheidet, ermöglicht zumindest gedanklich einen »gerechten« Krieg.

Gülen tut das nicht. Er lehnt Gewalt als probates Mittel grundsätzlich ab. Doch das passt nicht ins Weltbild oder zumindest die Argumentation der Linkspartei, die deswegen offenbar mit allen ihr zur Verfügung stehenden Mitteln versucht, Gülen (und die Hizmet-Bewegung) in Deutschland zu diskreditieren. Es scheint wie eine Ironie des Schicksals, dass sie die Hizmet-Bewegung in die Nähe terroristischer Gruppen rücken muss, die – im Unterschied zur PKK? – »im Widerspruch zu Teilen der freiheitlich-demokratischen Grundordnung« stehen: Seit 2011 gab es fünf kleine Anfragen der Linkspartei an die Bundesregierung zur »Gülen-Bewegung«, die alle gleichermaßen abschlägig beantwortet wurden: Es gebe keine Bestrebungen der Bewegung gegen die freiheitlich demokratische Grundordnung!

So weit, so einfach.

Doch steter Tropfen höhlt den Stein. Die wiederkehrenden kleinen Anfragen im Bundestag sowie die dazugehörigen Pressemitteilungen riefen schließlich eine – im Zeitalter sich häufender Terroranschläge »im Namen des Islam« – verängstigte Öffentlichkeit auf den Plan. Und so kam der Verfassungsschutz Baden-Württembergs ins Spiel.

Es gibt neben dem Bundesverfassungsschutz 16 Landesbehörden für Verfassungsschutz, die voneinander getrennt arbeiten. Unabhängig davon, ob und was die Bundesbehörde an Untersuchungen vornimmt, kann jede Landesbehörde auch eigenständig agieren – im Auftrag des jeweiligen Innenministeriums, versteht sich. Nachdem die Untersuchungen des Bundesverfassungsschutzes zu Gülen und der Hizmet-Bewegung keinerlei Anlass zur Sorge gegeben haben, gab es offenbar im Stuttgarter Innenministerium im Frühjahr 2014 das Bedürfnis, der Sache selbst auf den Grund zu gehen. Man gab beim Landesverfassungsschutz eine Prüfung in Auftrag. Dort verspürte man aber – wie Christoph Bultmanns detailliert entlarvt – leider nicht das Bedürfnis, diese Untersuchung besonders gründlich vorzunehmen.

Wer sich in der Arbeitswelt ein wenig auskennt, ahnt, wie die Sache ungefähr abgelaufen sein muss: Man bekam einen Auftrag aus der Landesbehörde etwas zu prüfen, was von der Bundesbehörde schon geprüft war. Die Bundesbehörde hatte herausgefunden, dass es nichts zu beanstanden gab. Also würde man sich nicht zusätzliche Arbeit – Gutachten, Gegengutachten, Diskussionen usw. – aufhalsen, indem man zu einem anderen Ergebnis käme. Andererseits war der Auftraggeber im Innenministerium offenbar noch skeptisch und wollte irgendetwas Kritisches hören. Nach einigen Wochen lieferte man also einen Bericht ab, in dem stand, was alle hören wollten und was schließlich in der Stuttgarter Zeitung nachzulesen war:

»Für eine nachrichtendienstliche Beobachtung der Anhänger des türkischen Predigers Fethullah Gülen, so das Ergebnis, fehlten derzeit die gesetzlichen Voraussetzungen. Man habe keine Anhaltspunkte gefunden, dass von den Gülen-nahen Einrichtungen im Südwesten – Schulen, Nachhilfeinstituten oder Dialogvereinen – verfassungsfeindliche Bestrebungen ausgingen. In Schriften und Äußerungen des Predigers fänden sich aber vereinzelt Aussagen, die sehr wohl im Widerspruch zur freiheitlich-demokratischen Grundordnung stünden oder die zumindest als verfassungskritisch zu bewerten sind.«

Und wie war man zu diesem wunderbar ausgewogenen und kritischen Ergebnis gekommen?

Manipulation der Wirklichkeit

Irgendwer beim Verfassungsschutz war auf den *Spiegel* gestoßen, in dem von der »Gülen-Bewegung« als einer seltsamen religiösen Bewegung die Rede war. Ihre »Anhänger« wohnten in geheimnisvollen »Lichthäusern«, wie auch in anderen Zeitungen zu lesen stand. Bald war klar, dass da irgendetwas nicht stimmen konnte! Und in der türkischen Zeitung *Taraf* fand sich eine Zusammenfassung der Meinung Gülens zu Themen wie Familie, Staat, Nation, dem Westen, Terror, kurdischen Angelegenheiten usw. Eine erfahrene Journalistin, Ayşe Hür, Jahrgang 1956, hatte sich die Mühe gemacht, sich mit den komplizierten Texten dieses schwülstigen Predigers auseinanderzusetzen. Bravo, diese Arbeit musste man also kein zweites Mal machen!

Taraf war ein liberales Blatt, das seit 2007 in Istanbul erschien und seine Leserschaft zur Meinungsbildung ermuntert hat. Nach dem Putschversuch wurde sie geschlossen. Ihr lag regelmäßig die internationale *Le Monde Diplomatique* bei, eine publizistische Institution der französischen Linken. Das klingt vertrauenswürdig. Man muss ja als Verfassungsschützer niemandem sagen, wo man das Wissen her hat. Und dann wird der Artikel ausschnittsweise in den eigenen Bericht »über die Prüfung tatsächlicher Anhaltspunkte für verfassungsfeindliche Bestrebungen der Bewegung um den islamischen Prediger Fethullah Gülen« eingearbeitet. Fertig!

So richtig Würze bekommt der ganze Text dadurch, dass die genannte *Taraf*-Autorin in ihrer seitenlangen Analyse, die Gülens Positionen weitestgehend korrekt wiedergibt, an einer Stelle nicht auf einen Originaltext des Predigers zurückgreift: Ausgerechnet bei der Kurdenfrage macht sie sich nicht die Mühe, die knapp 45 Minuten Predigttext im Original anzuhören, sondern vertraut auf einen im Netz gefundenen Zusammenschnitt – offenbar ausgerechnet den von ROJ-TV. Es wundert sie selbst, aber sie berichtet wahrheitsgemäß, was sie gefunden hat. Sie ahnt nicht, dass sie hier PKK-Propaganda auf den Leim geht:

»Wenn es jedoch um die PKK geht, so verweist Fethullah Gülen die Sache nicht an Allah, sondern an die TSK (= *Türk Silahlı Kuvvetleri* – türkische Streitkräfte).« Und dann zitiert sie aus der genannten Predigt: »Überwindet diese Handvoll Banditen. Umzingelt sie, lokalisiert sie…«.

Was an welcher Stelle wie abgeschrieben wurde, kann man in Bultmanns Buch nachlesen. Und mehr noch: Der Wissenschaftler hat sich die Mühe gemacht, bei den verschiedenen Beteiligten nachzufragen und auf die offensichtliche Zitatfälschung hinzuweisen. Die Antworten waren für ihn geradezu niederschmetternd. Er hat bei der Chefredaktion des *Spiegel*, beim Deutschen Presserat, beim Innenministerium in Stuttgart und beim Petitionsausschuss des Landtages in Baden-Württemberg vorgesprochen, Briefe und Mails geschrieben, nachgehakt und Widerspruch eingelegt.

Vermutlich gilt er dort als äußerst penetrant. Aber ich kann sehr gut verstehen, dass es einen gestandenen Wissenschaftler umtreibt, wenn die Verfassungsschützer sich nicht scheuen zuzugeben, dass man »aufgrund der Länge der Videoaufzeichnung von 43:44 Minuten« auf den *Taraf*-Artikel zurückgegriffen habe, »der die essenziellen Aussagen aus dieser Predigt zusammenfasst«. Ein Vortrag in der Länge einer Schulstunde überfordert den Verfassungsschutz? Und der Landtag und das Innenministerium finden das plausibel?

Es ist nahezu lächerlich. Auch, dass man aus einem Vortrag diverse Wörter zusammenklauben, grammatisch verfugen und sinnentstellend neu montieren kann – und der Deutsche Presserat hat dazu nichts anderes zu sagen als: »Der *Spiegel* hat nicht gegen das Wahrhaftigkeits- und Sorgfaltsgebot der Ziffern 1 und 2 des Pressekodex verstoßen.« Man entgegnet dem Wissenschaftler, dass er »wissenschaftstheoretische Kritik« übe, das Zitat möge verzerrt worden sein, sei aber keine Fälschung. Angesichts solcher Wortklauberei ist es dann besonders erstaunlich, dass entschuldigend vorgetragen wurde, die Beteiligten seien »eben alles keine Philologen«.

Auch ich bin kein Philologe. Aber dass ein Aufruf zum Gewaltverzicht kein Ausdruck für die Verachtung von Kurden ist und erst recht kein Appell, ein Volk zu vernichten – das verstehe sogar ich.

Das Traurige an der Sache ist, dass es hier um Glaubwürdigkeit geht – und dass hier Glaubwürdigkeit verloren geht. Politische Interessenvertreter publizieren Falschmeldungen in unseriösen Medien. Gewählte Volksvertreter nehmen diese Meldungen, verschärfen die Formulierungen und machen damit Interessenpolitik. Seriöse Medien lassen sich davon zu Recherchen ermutigen, treffen mit vorgefassten Vermutungen auf befangene Zeugen, die anonym bleiben wollen, und daraus wird eine große Story. Zur Hilfe gerufene Verfassungsschützer lesen bei ihren scheinbar aufwendigen Prüfungen nur Zusammenfassungen in der Zeitung und schreiben Einerseits-andererseits-Pseudogutachten. Journalisten wiederum berufen sich auf die vermeintlich gründliche Arbeit des Verfassungsschutzes – und am Ende steht da ein studierter Raumplaner wie ich und weiß nicht, wie ihm geschieht. Inzwischen ist die viel zitierte Stellungnahme des Verfassungsschutz Baden-Württemberg von der Homepage verschwunden. Das ist gut so, aber einzelne Zitate sind nach wie vor im Umlauf.

Skandale in der Türkei: Die Verhaftung von Ahmet Şık

Erschwerend mischt sich in diese Gemengelage von Fremdheits-
ängsten, Missverständnissen und Manipulationen ein weiteres
folgenschweres Ereignis, das sich 2011 in der Türkei zutrug
und auch in Deutschland unter Journalisten große Empörung
auslöste. Die Rede ist von der – unberechtigten – Verhaftung
des investigativen Journalisten Ahmet Şık.

Damals war ein nationalistisches Netzwerk namens Ergenekon aufgeflogen, das über Jahre mit großer Professionalität
und unterstützt von etablierten politischen und militärischen
Kräften einen Putsch vorbereitet hatte, um die zu diesem Zeitpunkt selbstbewusst aufstrebende Demokratie zu stürzen und
die Türkei wieder in einen lupenreinen kemalistischen Staat
mit autoritären Zügen zurückzuführen. Die türkischen Justizbe-
hörden waren mit großer Vehemenz gegen diesen Geheimbund
vorgegangen und hatten in der Verfolgung potenzieller Betei-
ligter nicht lange gefackelt. Durchsuchungen, Räumungen,
Verhaftungen waren an der Tagesordnung.

In dieser Phase überhitzter »Aufräumarbeiten« war plötzlich
die Rede von gefährlichen Journalisten, die Chaos-Szenarien
in der Gesellschaft verbreiten wollten und versuchten, eine
innenpolitische Destabilisierung herbeizuführen, um so die
Regierung zu stürzen – und geradezu pawlowsch reagierten
die Ermittler darauf mit einer Verhaftung. Der Vorwurf: Unterstützung und Zugehörigkeit zum Ergenekon-Netzwerk. Zusammen mit acht anderen Journalisten kam dabei auch Ahmet
Şık ins Gefängnis, wurde zu zwei Jahren Haft verurteilt und
verbrachte tatsächlich 357 Tage im Gefängnis. Ein Fehlurteil.
Und beileibe keine Lappalie.

Ahmet Şık hatte bis zu seiner Verhaftung an einem Buch gearbeitet, das kurz vor der Veröffentlichung stand. Es hieß »Die Armee des Imam« und stellte dar, wie Anhänger Fethullah Gülens seit den 1980er-Jahren systematisch Polizei und Justiz unterwandert hätten. These: Die türkische Polizei sei »der bewaffnete Arm der Gülen-Bewegung«. Diese Bewegung sei nun »der neue Staat im Staate – so, wie es 80 Jahre lang das Militär war.«

Das Buch wurde verboten, weil die türkische Justiz es als erwiesen ansah, dass es in Absprache mit der Ergenekon-Führung entstanden sei, um die Ermittlungen zu stören oder gar zu unterbinden. Im Nachhinein ist klar, dass diese Maßnahme unangemessen und rechtsstaatlich nicht zu begründen war. Dass unter den Juristen auch Hizmet-Engagierte beteiligt gewesen sein sollen, ist zwar bis heute nicht geklärt, aber natürlich möglich. Fakt ist, dass bis heute keine Aufarbeitung stattgefunden hat und die Zusammenhänge immer noch nicht geklärt sind. Die Gerüchte und Behauptungen aus jener Zeit prägen aber bis heute das negative Bild vieler Journalisten gegenüber der Hizmet-Bewegung. Jetzt, wo Hizmet-Engagierte selbst Opfer staatlicher Verfolgung sind, verweigern viele ihnen die Solidarität. Nach dem Motto: Geschieht ihnen recht – auch wenn die Akteure von damals sicher nicht identisch sind mit den Betroffenen von heute.

Dass eine solche Verhaftung im Internetzeitalter ohnehin nichts verhindern würde, war schon damals jedem klar. Im Gegenteil! Eine bessere Publicity als die Verhaftung hätte es für das Buch kaum geben können. Ende März 2011 ging eine türkisch-sprachige Version des Manuskripts online und hatte binnen weniger Tage hunderttausend Downloads. Wenn es bei der Verhaftung von Ahmet Şık tatsächlich darum ging, dessen

Buch-Recherchen zu vertuschen, dann ist der Plan jedenfalls nicht aufgegangen; es wäre allerdings auch ein ziemlich einfältiger Plan gewesen.

Doch im Netz brodelte die Gerüchteküche. Anonyme Kommentatoren steigerten sich in wilde Spekulationen hinein: Die Gülen-Bewegung versuche die Türkei zu islamisieren. Gülen leite weltweit etwa fünf Millionen Anhänger und verfüge über Milliarden von Dollar. In einer Geheimrede habe er seine Anhänger aufgefordert, die Schnittstellen, die Knotenpunkte des Systems besetzen. Gülen sei auf Einladung des CIA in den USA. Die AKP sei eine auf Gülen zugeschnittene Bewegung, die von der CIA aufgebaut wurde, um in der Türkei Einfluss zu nehmen. Und so weiter und so fort.

Verschwörungstheorien verselbstständigen sich. Auf Wikipedia sind allein für das 20. Jahrhundert an die achtzig Verschwörungstheorien aufgelistet, von der Holocaust-Leugnung über die Bilderberg-Konferenz bis zur Großisrael-Verschwörung, vom Attentat auf John F. Kennedy über den geplanten Tod von Lady Di bis zum immer noch lebenden Elvis Presley. So absurd die Theorien, die durchs Internet geistern, so bleibt doch immer etwas hängen – der Verdacht nämlich, die »Gülen-Bewegung« könne nur zur Tarnung eine harmlose zivilgesellschaftliche Bildungsinitiative sein.

In dem ganzen Trubel nützte es auch nichts, dass sich Fethullah Gülen öffentlich hinstellte und die Meinungs- und Pressefreiheit auch für dieses Buch einforderte. Der türkische Nachrichtensender *Samanyoluhaber*, welcher der Hizmet-Bewegung nahe steht, verbreitete diese Position Gülens.

Auch ich teilte schon damals die Kritik an der harten Vorgehensweise gegen den Journalisten. Auch wenn ich es nach wie vor für mehr als zweifelhaft halte, ob es dabei wirklich um die kritische Berichterstattung über Gülen ging. Warum sollte ausgerechnet dieses Buch so spektakulär verhindert werden, wo es doch in den gängigen türkischen Buchhandlungen nach wie vor Gülen-kritische Bücher zu kaufen gibt? Außerdem war Ahmet Şık nur einer von vielen Journalisten, gegen die hier übertrieben vorgegangen wurde – in der Rückschau muss man sogar sagen: Er war nur einer der ersten von Tausenden Journalisten, gegen die der türkische Staat mit einer großzügigen Auslegung der Gesetze vorging.

Gemeinsam mit dem Journalisten Michael Maier – wir waren damals gemeinsame Herausgeber der *Deutsch-Türkischen Nachrichten* – entschieden wir, das Skript des Buchs in Deutschland auf unsere Homepage zu stellen. »Das muss man lesen können!«, haben wir gesagt. Leider nahm das kaum jemand wahr. Sicher auch, weil wir den Text nicht ins Deutsche übersetzten, sondern in der Originalversion beließen. Wir ahnten, dass sich die deutschen Muttersprachler wenig für diese vermeintliche Enthüllungsstory aus der Türkei interessierten. Was sie tatsächlich nicht taten und bis heute nicht tun. Auch heute nicht. Den Ergenekon-Skandal wird kaum ein deutscher Journalist erklären können. Doch der Name Ahmet Şık fällt neuerdings auch in Deutschland als Stichwort, wenn jemand belegen will, dass die Hizmet-Bewegung den Staat unterwandert und missliebige Meinungen brutal unterdrückt.

In Deutschland gibt es dazu noch angebliche »Aussteiger«, ein Phänomen das wir weder aus der Türkei, noch den USA oder irgendeinem anderen Land kennen. Es hängt zusammen mit dem Sekten-Vorwurf, der ebenfalls nur in Deutschland eine Rolle spielt. Im türkischen Kontext verliert die Bewegung laufend an Zuspruch, schon allein aufgrund der politischen Restriktionen. Doch hierzulande tauchen vereinzelt Berichte von sogenannten »Aussteigern« auf, die mit sensationellen Enthüllungen aus dem »Innersten der Gülen-Bewegung« aufwarten, der sie nur mühsam entkommen sein wollen. Hinter schwarzen Sichtschutzwänden, mit verzerrter Stimme oder einfach nur gepixelt kommen anonyme Personen zu Wort, die von Missständen in Hizmet-Einrichtungen erzählen, von Gewalt, von Psychoterror oder sogar sexuellen Übergriffen.

Selbstverständlich kann ich nicht ausschließen, dass diese Berichte wahr sind. Aber natürlich ist es schwierig, angemessen auf solche Vorwürfe zu reagieren, wenn im Dunkeln bleibt, was da wem passiert ist. Wir leben in Deutschland in einem Rechtsstaat, zu dem ich allergrößtes Vertrauen habe. Die Drohungen, die meine Familie und ich genauso wie andere *Menschen in Hizmet* in den vergangenen Monaten bekommen haben, geben wir alle sofort an die Polizei weiter. Manchmal ziehen wir vor Gericht und bekommen unser Recht. Manchmal können wir bloß Anzeige gegen Unbekannt erstatten. Aber im Ernstfall fährt die deutsche Polizei verstärkt Streife vor unseren Wohnhäusern und Arbeitsplätzen. In gleicher rechtsstaatlicher Weise könnten und sollten sich auch diejenigen wehren, die sich als Opfer von Hizmet bezeichnen. In unserem Rechtsstaat – davon bin ich überzeugt – wird den Vorwürfen nachgegangen. Anonyme und diffuse Vorwürfe hingegen sind lediglich Behauptungen, durch nichts belegt und ohne Folgen für die mutmaßlichen Täter. Aber sie sind Wasser auf die Mühlen sämtlicher Verschwörungstheorien und Verleumdungen.

Manchmal entpuppen sich diese Geschichten als unwahr: Erst jüngst behauptete in einem Kölner Stadtmagazin eine anonyme Frau, dass sie in den 1980er-Jahren in einer Istanbuler Hizmet-Schule zum Beten gezwungen worden sei und jeden Morgen eine Atatürk-Statue hätte anspucken müssen. Eine

Geschichte, die nicht stimmen kann – in den 1980er Jahren gab es in Istanbul nur Hizmet-Schulen für Jungen.

Alles zusammengenommen, die Skepsis gegenüber der Religion im Allgemeinen und dem Islam im Speziellen, die Zitatfälschungen in Deutschland und die Verschwörungstheorien in der Türkei, führen unterm Strich zu einem völlig verzerrten Bild von Hizmet in den Medien und in den Köpfen der Menschen. Wie soll man das widerlegen?

Lange Zeit haben sich Journalisten überhaupt nicht für die Hizmet-Bewegung in Deutschland interessiert. Wir haben Angebote gemacht, Pressemitteilungen geschrieben und haben sogar die PR-Agentur Burson Marsteller beauftragt, uns zu unterstützen. Das alles ohne Erfolg. Die Bewegung hatte für die Medien keinen Nachrichtenwert. Das änderte sich im Sommer 2016. Mit den Beschuldigungen, die Bewegung habe den Putsch geplant und durchgeführt, und mit der massiven Hexenjagd gegen Hizmet-Engagierte weit über die Türkei hinaus, standen die Journalisten auch bei mir vor der Tür und wollten wissen, wer Gülen eigentlich ist und was hinter der »geheimnisvollen« Bewegung steckt.

Ich habe in zwei Monaten 150 Interviews gegeben, habe alle Fragen immer wieder aufs Neue geduldig beantwortet. Anfang September 2016 kam eine Anfrage vom heute-Journal des ZDF und von der Wochenzeitung *Die Zeit*, ob es möglich sei, mit Gülen persönlich ein Interview zu führen. Dann meldete sich auch die Nachrichtenagentur *dpa* und die spanische Tageszeitung *El Pais* mit demselben Anliegen. Ich nahm Kontakt zur amerikanischen Stiftung *Alliance for Shared Values* auf, das Pendant unserer Stiftung in den USA, die wiederum bei Gülen anfragten, ob er bereit wäre, den deutschen Medien ein Interview zu geben.

Gülen hat einen sehr geregelten Alltag voller Gebete, Koranlektüre und Gesprächen mit Gläubigen und steht nur sehr ungern in der Öffentlichkeit. Deswegen gibt es auch nur sehr wenige Bilder von ihm, und noch weniger Fernsehbilder. Die wenigen, die es gibt, sind sehr alt und werden immer wieder gezeigt. Auf einem kleinen Filmausschnitt sieht man Gülen zusammen mit Erdoğan. Diese Aufnahme wird in der Regel genutzt, um den Text »Erdoğan und Gülen waren einst Verbündete« zu illustrieren. Es sind Aufnahmen von einer zufälligen Begegnung der beiden auf der Hochzeit des türkischen Fußballstars Hakan Şükür von 1999. Erdoğan war damals Bürgermeister in Istanbul, Gülen ein bekannter Prediger. Sie begrüßen sich freundlich und gehen ein paar Schritte zusammen. Verbündete? Wenn man keine anderen Bilder hat, nimmt man eben diese.

Ich hatte die Idee, dass es wichtig sei, den Journalisten eine Chance zu geben, sich ein aktuelles und eigenes Bild von Gülen zu verschaffen. Gülen ließ sich darauf ein. Schon zwei Wochen später reiste ich mit Vertretern aller vier Medien zwei Tage in die USA. Das ZDF-Filmteam bekam einen eigenen Termin am ersten Tag. Schon beim Frühstück beantwortete ich viele Fragen, versuchte Hintergründe zu erklären, gab dem wirklich interessierten ZDF-Reporter Auskunft zu allen Fragen, die ihn bewegten. Dann fuhr das ZDF-Team allein nach Saylorsburg, wo sich das Hizmet-Bildungszentrum befindet, in dem Gülen ein kleines Appartement bewohnt. Meine beiden Kollegen von der amerikanischen Stiftung und ich haben dem Team das gesamte Gelände gezeigt. Sie durften sich frei überall bewegen und Filmaufnahmen machen, wie sie wollten. Das Einzige, worum wir sie baten, war Autokennzeichen und Gesichter von Besuchern unkenntlich zu machen, weil wir sie nicht ins Visier der Erdoğan-Anhänger bringen wollten.

Mit einem Teil des ZDF-Teams aßen wir gemeinsam mit anderen Gästen in der Kantine zu Mittag, während die anderen ungestört im Gebetsraum ihre Technik aufbauen konnten. Nach seinem Mittagsgebet kam Gülen zum verabredeten Interview. Doch bevor es losging, führte er das komplette ZDF-Team ins Oberschoss, wo sein Arbeitszimmer und sein Schlafzimmer liegen. Er öffnete die Schranktüren, zeigte die Zitronen im Kühlschrank und erlaubte sogar den Blick auf das zum Trocknen über der Heizung hängende Unterhemd. Das Team filmte den Schreibtisch, den Gebetsteppich, das Bett. Mehr kann sich ein Mensch kaum entblößen.

Dann ging es zum Gespräch vor die Kamera. Gülen kannte keine der Fragen, die ihm gestellt wurden. Der ZDF-Reporter stellte alle seine Fragen, die zum Großteil voller Schärfe formuliert waren. »Haben Sie den Putsch veranlasst?« »Sind Sie ein Wolf im Schafspelz?« »Sind Sie ein Islamist?«. Gülen antwortete ruhig und ausführlich, offen und ehrlich. Nach einer Stunde hatte Safiarian keine Fragen mehr. Gülen stand auf und fiel sogleich in seinen Stuhl zurück. Er war sichtlich erschöpft. Gemeinsam gingen alle aus dem Raum. Gülen schrieb dem Journalisten auf der Motorhaube des ZDF-Autos noch eine freundliche Widmung auf ein Blatt Papier und dann ging er zum Nachmittagsgebet.

Das ZDF-Team baute die Technik ab und reiste direkt nach Deutschland zurück. Am nächsten Tag kamen die Redakteure von *Zeit*, *dpa* und *El Pais*. Auch sie bekamen Gülens Zimmer zu sehen, das Interview fand in einem etwas kleineren Gebetsraum im Nebengebäude statt. Auch für sie nahm sich Gülen mehr als eine Stunde Zeit.

Im Anschluss zeigten sich alle Journalisten gleichermaßen beeindruckt, von der friedfertigen und beseelten Aura des charismatischen Predigers. Hatten wir damit die Vorurteile und Verschwörungstheorien ausräumen können? Ja und nein. Die Journalisten selbst hatten mit eigenen Augen gesehen, wie bescheiden Gülen lebt, dass es weder eine Kommandozentrale noch einen PR-Apparat um den Prediger gibt, sondern bloß ein relativ langweiliges Bildungszentrum in den beschaulichen Pocono-Mountains zwei Autostunden von New York entfernt.

Der *dpa*-Korrespondent formuliert seinen Eindruck so: »Schwere Tränensäcke haben sich unter den Augen von Fethullah Gülen gebildet. Der rechte Fuß ist um den Knöchel geschwollen, die Knie wollen nicht mehr so richtig, der Rücken schmerzt. Der Staatsfeind Nr. 1 in der Türkei, von Präsident Recep Tayyip Erdoğan gar zur Gefahr für das gesamte Weltgefüge stilisiert, ist ein kranker, alter Mann.«

Alle Beiträge waren fair und entsprachen dem, was auch ich erlebt hatte. Doch ausgerechnet die Einbettung des TV-Beitrags im heute-Journal geriet befremdlich dramatisch und vermittelte genau das Gegenteil von dem, was wir alle erlebt hatten. Es war wieder Rede vom türkischen »Machtfaktor«, der »ein Milliarden-Imperium kontrolliert«, für den Millionen Menschen arbeiten und dessen »Apparat« alles kontrolliere. Gülen hatte sein Schlafzimmer gezeigt, trotzdem war wieder die Rede von Geheimnis und Intransparenz.

An so einem Punkt merkt man, wie mühsam es ist, Misstrauen und Vorurteile zu beseitigen. Das Negativbild der Hizmet-Bewegung ist nicht der Spiegel unserer Kommunikation, sondern liegt eben im Auge des Betrachters. Je weiter weg, desto größer ist die Fantasie. Und die wird von anderen geschürt und befördert. Da hilft es selbst nicht, mit großem Aufwand und großer Anstrengung immer wieder einzelnen Journalisten zu ermöglichen, sich ein eigenes Bild zu verschaffen.

Journalisten und Wissenschaftler wie Maximilian Popp, Volker Siefert, Uwe Wiens, Cornelia Übel, Rüdiger Soldt, Jürgen Gottschlich und Friedmann Eißler sind so überzeugt von ihren Horrorvorstellungen von der Hizmet-Bewegung, dass sie sich immer wieder aufs Neue ausmalen, wie sie von Hizmet betrogen werden – egal was die Menschen ihnen zeigen, sagen oder tun. Spätestens das Argument »Wolf im Schafspelz« macht alle Bemühungen um einen vertrauensvollen Dialog zunichte. Wem permanent »Doppelzüngigkeit« unterstellt wird, der kann nichts mehr sagen.

Das Bedrückende an dieser reißerischen Berichterstattung ist, dass sie immer wieder belohnt wird: Einladungen zu Podiumsdiskussionen und Talkshows, Gastbeiträge hier und dort. Indem sie extreme Positionen zu Wort kommen lassen, zeigen sich die Veranstalter als »neutral« und »ausgewogen«. Auf dieselbe Weise finden zunehmend rassistische, sexistische und populistische Thesen Einzug in die bürgerlichen Wohnzimmer. Und Autokraten wie Erdoğan machen sich derlei zunutze: Der vermeintlich unabhängige und kritische Maximilian Popp bekam im November 2016 als Spiegel-Korrespondent in Istanbul eine offizielle Akkreditierung, nachdem sein Vorgänger Hasnain Kazim diese verloren hatte. Offenbar war Kazims Berichterstattung dem türkischen Staatschef nicht mehr ganz so angenehm. In seinem Artikel »Ein schmerzlicher Abschied« fürchtet er im März 2016 sogar um seine Sicherheit.

Was mich angesichts der immer wieder negativen Berichterstattung über Hizmet tröstet und woran ich mich festhalte ist, dass es neben der ewigen Wiederkäu gewisser Schlagworte und Etiketten dann doch auch immer wieder vorurteilsfrei recherchierende Journalisten gibt, die zwar kritisch fragen, aber eben auch die Antworten zur Kenntnis nehmen und der

Öffentlichkeit sachlich und fair zur Verfügung stellen. Das ZDF-Interview beispielsweise erschien zwar in der Kurzversion extrem kommentiert im heute-Journal, steht aber auf Türkisch und auf Deutsch komplett im Netz. Insofern kann sich jetzt bis September 2017 jeder selbst ein Bild davon machen, was Gülen zum Thema Glauben, Demokratie, Menschenrechte, zum Putsch in der Türkei, zu der vermeintlichen Freundschaft mit Erdoğan oder auch zur Kopftuch-Frage zu sagen hat.

3.

Ungesehen: Hizmet-Aktivitäten in Deutschland

Dialog in Berlin: Iftar-Essen im Bundestag

Schon nach meiner ersten Begegnung mit Fethullah Gülen im Jahr 2005 hatte ich keinen Zweifel mehr: Ich entschied, sein Reden und Handeln als Vorbild zu nehmen und selbst in der Hizmet-Bewegung Verantwortung zu übernehmen. Es gab damals schon eine Vielzahl an Vereinen, viele kleine Organisationen. Ich war im Dortmunder Bildungsverein aktiv gewesen, hatte Führungen in der Moschee und bei den Jusos Dialogveranstaltungen gemacht. Jetzt wollte ich einen neuen Dialogverein in Berlin gründen.

Die Idee war naheliegend. Berlin war keine muslimische Tabula rasa, sondern hier lebten viele Türken, viele Muslime und viele Menschen, die Hizmets Ideen teilen. In diesem Netzwerk begegnet man sich bei vielen Gelegenheiten. Jeder kennt jemanden, der jemanden kennt – diese Kontakte waren mein Startkapital. Ich hatte keine professionelle Unterstützung wie sie heute zu finden ist, niemanden, der mich lehrte, Businesspläne zu schreiben und soziale Investoren zu finden:

Ich hatte nicht mehr als ein paar Freunde und den Mut, um es zu versuchen.

Die Suche nach Mitgründern war leicht, doch Fundraising war für mich eine vollkommen neue Aufgabe, und die büro-kratischen Formalitäten rund um die Vereinsgründung dauerten länger als erwartet. Plötzlich musste ich mich mit Vereinsfinan-zierungsfragen und Gemeinnützigkeitsrecht beschäftigen. Ich bevorzugte daher, keinen neuen Verein zu gründen, sondern schloss mich kurzerhand mit dem Frankfurter Dialogverein FID zusammen, der ebenfalls mit dem Gedanken spielte, ei-nen neuen Verein in Berlin zu gründen. Als »Zweigstelle« des Frankfurter Vereins mussten wir uns nicht länger mit Formali-täten herumschlagen, sondern konnten uns gleich in die Arbeit stürzen. Zwei Jahre später waren die Formalitäten geregelt und der FID e.V. Berlin unabhängig vom FID e.V. Frankfurt.

Natürlich versuchten wir auch inhaltlich von anderen Dialogvereinen zu lernen. Allerdings stellten wir fest, dass Berlin in vielen Aspekten anders »tickte«. In München zum Beispiel legte der Dialogverein IDIZEM einen starken Fokus auf das Thema Religion. Wir konzentrierten uns lieber auf typische Berliner Fragestellungen und suchten das Gespräch über Themen wie die Zweisprachigkeit an Schulen und Behör-den, Vorurteile gegenüber Gläubigen oder deutsch-türkische Beziehungen. Wir veranstalteten Podiumsgespräche, Lesun-gen und interreligiöse Dialoge. Wir organisierten Musik- und Kunstveranstaltungen. Und wir luden zum Lunch oder Dinner mit prominenten Rednern aus Politik und Gesellschaft.

Schließlich durften wir mit der Zeitung *Zaman* und deren Hauptstadtleiter Süleyman Bağ im Deutschen Bundestag erst-mals ein offizielles Iftar-Abendessen veranstalten. Der Brauch des »öffentlichen« Iftar-Essens war damals kaum verbreitet, inzwischen wissen viele, dass sich hinter dem Begriff das gemeinsame abendliche Fastenbrechen in der Zeit des Ramadan verbirgt, oder haben sogar schon einmal daran teilgenommen. Der CDU-Abgeordnete Thomas Kossendey, der damals Vorsitzender der Deutsch-türkischen Parlamentariergruppe war, übernahm die Schirmherrschaft. Als Gäste kamen auch prominente Parlamentarier wie Wolfgang Schäuble oder Maria Böhmer. Mancher von den Gästen lernte diesen wichtigen muslimischen Brauch überhaupt erst dank unserer Iftar-Essen kennen.

Hizmet: Gegenstand der Wissenschaft

Schon im ersten Jahr, 2005, gelang uns ein echtes Highlight, nämlich ein zweitägiges Symposion im Berliner Abgeordnetenhaus. Die Schirmherrschaft übernahmen die ehemalige Präsidentin des Deutschen Bundestags Rita Süssmuth und der Präsident des Berliner Abgeordnetenhauses Walter Momper. 17 Referentinnen und Referenten aus den verschiedensten Fachbereichen sprachen zu 200 Gästen aus Wissenschaft, Medien, Religion und Politik sowie zahlreichen Botschaftsvertretern. Titel: »Dialog der Kulturen als Europäische Chance: Ideen und Impulse für die Kultur des Zusammenlebens«.

Die Resonanz war so positiv, dass wir die Veranstaltung in den beiden darauffolgenden Jahren mit etwas anderer thematischer Gewichtung sogleich wiederholten: 2006 »Werte in der postmodernen Gesellschaft« und 2007 »Die Wahrnehmung des Anderen«.

Die Offenheit der Wissenschaftler, sich mit der Hizmet-Bewegung und unseren Bildungs- und Dialogthemen auseinanderzusetzen, ermutigte uns, 2009 die erste große Hizmet-Konferenz in Potsdam zu veranstalten. Die Vorbereitung einer solchen Veranstaltung mit wissenschaftlichem Anspruch ist extrem aufwendig. So waren wir froh, dass wir die Universität Potsdam, das Abraham-Geiger-Kolleg, die Evangelische Akademie und das Deutsche Orient-Institut als Partner gewinnen konnten. Zwei Tage lang sprachen hochkarätige Wissenschaftler aus Deutschland, England, Israel und den USA zum Thema »Muslime zwischen Tradition und Moderne. Die Gülen-Bewegung als Brücke zwischen den Kulturen«. Es entstand ein gleichnamiger Tagungsband, der im Verlag Herder veröffentlicht wurde.

Dass wir nun selbst von der »Gülen-Bewegung« sprachen, lag daran, dass der Begriff Hizmet sogar den Wissenschaftlern fremd war. Fethullah Gülen hingegen kannten alle, und wir freuten uns über die Dialogbereitschaft. Also ließen wir den Begriff stehen, obwohl wir selbst uns so nicht nennen. So fand die »Gülen-Bewegung« Eingang in Tagungstitel und Medienberichte.

Für die deutschen *Menschen in Hizmet* war die Konferenz ein großer Schritt. Das erste Mal zeigten wir uns als gemeinsame Bewegung in der Öffentlichkeit. 400 Teilnehmer, darunter viele Theologen, aber auch zahlreiche Journalisten beschäftigten sich zwei Tage intensiv mit den Ideen und Überzeugungen von Hizmet. Am Ende ging aus den Vorträgen das erwähnte Buch hervor. Wer erfahren wollte wer wir sind, konnte dort alles im Detail nachlesen.

Doch schnell merkten wir, dass sich mit einer einzelnen Konferenz die Masse an Fragen nicht beantworten lässt. Die hohe Zahl an Konferenzteilnehmern (400 Personen!) zeugte zwar von großem Interesse, aber in einem Land mit rund 82 Millionen Bürgern waren 400 Menschen nicht mehr als ein Tropfen auf den heißen Stein. Außerdem entwickelte sich

Hizmet in Deutschland permanent weiter. Neue Vereine, neue Institutionen entstanden. Neue Aktivisten starteten neue Aktivitäten. Das warf neue Fragen auf.

2010 gab es die zweite große wissenschaftliche Tagung. Sie wurde veranstaltet von den drei Dialogvereinen IDIZ in Dortmund, Rumi-Forum am Rhein in Düsseldorf und IKULT in Köln, und fand an der Ruhr-Universität Bochum statt: »Die Gülen-Bewegung im Kontext Europas. Ein Blick auf Nordrhein-Westfalen«. Auch hier wurde noch auf den vermeintlich schwierigen Begriff »Hizmet« verzichtet, aber schon im Tagungsband thematisiert, dass die Bewegung »eher die Hizmet-Bewegung genannt werden« solle. Es fehlte der Mut. Das aus der Tagung entstandene Buch D*ie Gülen-Bewegung zwischen Predigt und Praxis* versammelte in aller Offenheit alle, auch die kritischen Vorträge. Es sollte eine Gesprächsgrundlage sein, damit Außenstehende die Hizmet-Bewegung kennenlernen konnten, aber auch für die *Menschen in Hizmet* selbst, um die eigene Arbeit zu reflektieren. Es gab weitere kleine Konferenzen und Tagungen, die Hizmet zur Diskussion stellten. Jenseits der Bewegung stießen wir leider auf sehr bescheidenes Interesse. Auch die Medien interessierten sich nicht für unsere Beiträge zu Themen wie »Demokratie und Islam« oder »Bildung als Schlüssel erfolgreicher Integration«.

Deutsche mit und ohne Migrationshintergrund

Die vielen Nachhilfevereine, die jenseits der öffentlichen Wahrnehmung durch die 1990er-Jahre hinweg wertvolle Bildungsarbeit für die ebenfalls unsichtbare Randgruppe türkischer Einwandererkinder geleistet hatten, rückten über Jahre nur langsam in den Mittelpunkt des Interesses. Erst als die PISA-Studie vor Augen führte, dass Deutschland ein Bildungsproblem hatte, suchte man nach innovativen Ansätzen für eine bessere Bildungsarbeit – und fand sie bei Hizmet. Den Prototyp für die Lösung des Bildungsproblems hatten die Einwanderer selbst entwickelt, ohne Analysen, ohne Experten, und ohne lang zu fragen. Wir hatten einfach angefangen etwas zu tun. Pragmatisch. Lösungsorientiert.

Heerscharen von deutschen Pädagogen strömten in die Hizmet-Vereine, ohne wahrzunehmen, aus welchen Motiven heraus Hizmet geleistet wurde. Das war ja im Prinzip auch egal – auch uns selbst, die wir die ehrenamtliche Arbeit leisteten. Nicht *warum*, sondern *wofür* wir uns engagierten – das war das Wesentliche. Jedenfalls bislang. Doch nun spürten wir, dass die Bildungsexperten, die Pädagogen, die Politiker auf die Hizmet-Arbeit starrten wie auf ein Wunder der Natur. Kinder türkischer Einwanderer, die Abitur machten – obwohl sie ursprünglich nicht mal eine Empfehlung fürs Gymnasium hatten? Muslimische Mädchen und Jungen, die Englisch und Französisch lernten? Wie konnte das sein?

Die deutsche Mehrheitsgesellschaft hatte schlichtweg übersehen, dass die ehemaligen »Gastarbeiter« nicht nur dageblieben waren, sondern dass viele von ihnen sich längst als bürgerliche Mittelschicht etabliert hatten. Mit großer Selbstverständlichkeit hatten sich diese Neu-Deutschen im Schatten des medialen Rampenlichts eine Infrastruktur aufgebaut, die zum Überleben in einer modernen Gesellschaft hilfreich ist: neben Wirtschaftsverbänden, Frauennetzwerken und Religionsgemeinschaften auch Kindergärten, Grund- und weiterführende Schulen.

Für die wenigsten Menschen bin ich ein »Deutscher«. Manche nennen mich »Deutsch-Türken«, die meisten »Deutscher mit Migrationshintergrund«. Ich habe nie offene Diskriminierung erlebt, also nichts, was mich wirklich verletzt hätte. Aber mit dieser Formulierung fühle ich mich nicht treffend bezeichnet. Ich habe keinen Migrationshintergrund. Die einzige Migration, die ich vorgenommen habe, war es, von Schwerte nach Dortmund, von Dortmund nach Berlin und als Arbeiterkind an die Universität zu gehen.

Die Fremdheit wird oft einseitig erlebt. Die bereits oben erwähnte Studie der Uni Münster fand laut FAZ »Verblüffendes« heraus:

»Verblüffend positiv wirken die Auskünfte über die persönliche Lebenslage: 90 Prozent der Befragten fühlen sich in Deutschland sehr oder eher wohl. 87 Prozent fühlen sich Deutschland sehr eng oder eng verbunden; über ihr Verhältnis zur Türkei sagen das 85 Prozent. Ihr Wille zur Integration ist stark – 70 Prozent.« Ist das wirklich so verblüffend?

»Wir« sind nicht Papst. Aber wir sind interessiert an einem Dialog, wir *Menschen in Hizmet.*

> *»Unsere pluralistische Gesellschaft lebt von ihrer Diversität, aber auch von einem Wir-Gefühl, das nur durch einen regen und aufrichtigen Austausch zwischen den Bürgerinnen und Bürgern dieses Landes gewährleistet werden kann. Dieses Wir-Gefühl brauchen wir heute dringender denn je. Darum setzen wir uns für die Schaffung von gegenseitigem Vertrauen und für eine gelingende Kommunikation zwischen Menschen mit unterschiedlichen Hintergründen ein.«*

Das steht auf der Startseite der Gesellschaft für Dialog Baden-Württemberg, hervorgegangen aus dem Zusammenschluss mit einem der ältesten Hizmet-Dialogvereine in Albstadt. Und ähnliche Aussagen haben etwa dreißig Dialogvereine formuliert, die *Menschen in Hizmet* in den letzten zwanzig Jahren in Deutschland gegründet haben. Es sind etwa 150 000 gläubige Muslime, die auf diese Weise der deutschen Mehrheitsgesellschaft ihre Hand reichen.

»Wir« sind in Deutschland aufgewachsen. Wir fühlen uns schon lange wie »eine oder einer von denen«. Wir fragen uns nicht, wie »die« wohl mit uns umgehen, weil wir wissen, dass sie fast immer die Brille der Fremdheit tragen, wenn sie auf uns schauen.

»Du bist so anders«. Diesen Satz bekomme ich oft zu hören. Verhalte ich mich »türkisch«, dann bin ich anders als »normale« Deutsche. Verhalte ich mich »deutsch«, dann bin ich anders als »normale« Türken. Was ich auch tue, ich werde mit einem medialen Abziehbild abgeglichen.

Sage ich meinen Namen, stockt mein Gegenüber. Ob ich Deutsch spreche? Nach ein paar Sätzen Erleichterung. Aber ob ich gebildet bin? Sage ich ein paar Nebensätze und Fremdworte, ernte ich Staunen. Aber ob ich auch geschäftsfähig bin? Lege ich meine Papiere und meine Zeugnisse vor, spüre ich Wohlwollen. Aber ob ...? Es geht immer weiter, jede Begegnung mit einem Deutsch-Deutschen gleicht einem Verhör und mündet unweigerlich in die Feststellung, dass ich eben doch anders bin.

Natürlich bin ich anders. Jeder ist anders. Bloß dass wir »Neubürger« noch mal anders anders sind. Und über diesen »Anderen« gibt es enorme Wissenslücken. Die sonst angeblich so neugierigen Deutschen, die als reisefreudigstes Völkchen der Erde gelten, die Kreuzfahrtschiffe füllen und Studienfahrten in die entlegensten Gegenden der Erde unternehmen, erweisen sich ausgerechnet daheim als verstockte, unaufmerksame Ignoranten? Das kann doch nicht sein!

Darum habe ich mich am Ende meines Studiums entschlossen, nicht in der Raumplanung zu arbeiten, um als städtischer Beamter Brücken zwischen Landschaften zu bauen, sondern als *Mensch in Hizmet* mein Leben dem Bau interkultureller und interreligiöser Brücken zu widmen.

Getreu dem Gedanken, den Gülen immer wieder äußert, sich nicht über die Dunkelheit zu beschweren, sondern stattdessen eine Kerze anzuzünden, hatte ich im Sommer 2005 beschlossen, einen neuen Dialogverein zu gründen – und das in Berlin, der Stadt mit dem größten Anteil an Atheisten einerseits und dem zweitgrößten Anteil an Türkischstämmigen in der Bevölkerung andererseits. Hier würde es genug an Dialogarbeit zu tun geben!

Hizmet Deutschland: Struktur und Transparenz – ein Anfang

Als im August 2012 der Spiegel seine sensationellen Enthüllungen über die »Gülen-Bewegung« publizierte, standen wir keineswegs vor einem neuen Phänomen. Neu war nur, dass es um die deutschen Hizmet-Engagierten ging – und nicht um die türkischen. Das hat uns überrumpelt.

Aus dem verzerrten Medienecho der letzten Jahre haben wir eines gelernt: Angst hilft nicht weiter. Wir hatten Angst vor der Angst. Wer in Deutschland sagt, er sei Teil einer muslimischen Bewegung, weckt Angst. Aus dieser Erfahrung heraus sind wir manchen Fragen ausgewichen: Wenn du wissen willst, wie gut unser Englisch-Unterricht ist – frag mich! Wenn du wissen willst, wie die Menschen hier zu Apostasie stehen –

damit will ich nichts zu tun haben! Aufgrund des Misstrauens haben wir geschwiegen, wodurch das Misstrauen wuchs. Wir hatten Angst, dass schlecht über uns geredet wird. Wir hatten Hemmungen, fremde Menschen in unsere WGs einzuladen und uns beim Beten fotografieren zu lassen. Daraus haben wir gelernt. Wenn wir offen reden, entsteht größeres Vertrauen. Da ist noch viel zu tun!

Wobei wir bis dahin keineswegs im Verborgenen gearbeitet hatten. Der Vorwurf, dass wir wie ein Geheimbund organisiert seien, beruht auf dem Irrtum, dass es hinter Hizmet eine Organisationsstruktur gibt. Die gibt es nicht, denn der mystische Sufi-Islam, in dessen Tradition die Hizmet-Bewegung steht, kennt keine Hierarchie. Bei Hizmet gibt es nichts, was *top-down* verordnet wird. Im Gegenteil: In den Vereinen diskutieren Gründer, Vorstände und Mitglieder gemeinsam darüber, welche Projekte in welcher Weise angestoßen werden. Manche setzen hier einen Schwerpunkt, manche dort. Dabei werden auch externe Experten um Rat gefragt. Bei der Schulgründung in Berlin-Spandau etwa wurde Uwe Mull, der Leiter des jüdischen Gymnasiums, konsultiert. Bei der Stuttgarter BIL-Schule wurde Manfred Ehringer, der pensionierte Leiter des staatlichen Schulamtes, in die Gründung einbezogen. Beide sind bis heute wertvolle Mentoren dieser Schulen.

Selbstverständlich genießt Gülen als Autorität in seinem Umfeld größten Respekt. Zu einzelnen Menschen, die ihn teilweise schon viele Jahrzehnte begleitet haben, hat er ein intensives und vertrauensvolles Lehrer-Schüler-Verhältnis. Doch Gülen ist kein Mensch, der Befehle erteilt und Strukturen verordnet. Stattdessen ermuntert er, eigene Ideen zu entwickeln und individuelle Lösungen zu finden. Er gibt Anregungen, aber nicht immer erfolgreich. So wünscht er sich seit vielen Jahren die Gründung einer Schule in Italien. Aber sein Wunsch ist immer noch nicht Wirklichkeit. Es fehlt an engagierten Menschen, um die dafür nötigen Mittel und Möglichkeiten einzuwerben. Vielfalt, Eigenverantwortung und Selbstorganisation gehören zu den Grundprinzipien von Hizmet.

Die deutsche Öffentlichkeit sucht eine verbindliche und klare Struktur in unseren informellen, »chaotischen« Netzwerken. Solange wir die nicht anbieten, begegnet man uns mit Skepsis. So viele Menschen und keine Zentrale? Da kann ich hundertmal auf die Friedensbewegung oder die Umweltschutzbewegung verweisen. Bildung ist eine große Aufgabe. Wie soll das gehen ohne Struktur?!

Also haben wir eine zentrale Anlaufstelle geschaffen, die grundsätzliche Antworten auf grundsätzliche Fragen geben kann, die Gesprächspartner mit entsprechender Expertise für spezielle Fragen vermitteln kann. Eine zentrale Stelle, die verständliches Informationsmaterial aufbereitet und die den Dialogprozess auf Bundesebene führt: Zuerst gab es nur eine Arbeitsgruppe aus etwa zwanzig aktiven *Menschen in Hizmet*, die AG Hizmet. Sie entwickelte die erste zentrale Homepage www.hizmet.de.

2013 entschieden wir uns für die Rechtsform einer Stiftung. Damit wollten wir ein Zeichen setzen: Wir sehen uns als dauerhaften Teil dieser Gesellschaft und verewigen auch unser Kapital. Zugleich schreiben wir unser Geld einem Zweck zu, der klar zu Deutschland gehört. Wir verewigen den Hizmet-Gedanken in diesem Land. Der Stiftungszweck lautet: Völkerverständigung, Förderung der Wissenschaft und Forschung, Volks- und Berufsbildung und bürgerschaftliches Engagement.

Das Stiftungskapital sammelten wir über die Vereine: Jeder Verein sprach vor Ort seine großen Sponsoren an und motivierte sie dazu, sich finanziell an der Stiftung zu beteiligen. So haben wir etwa siebzig bis achtzig Zustifter gefunden, die verstanden haben, dass wir eine zentrale Stelle brauchen, die für die Werte von Hizmet spricht und nötigenfalls auch den Kontakt zu Fethullah Gülen hält. Aber alle Vereine legten großen Wert darauf, dass die Stiftung kein Dachverband sei. Sie ist Sprachrohr für die Ideen, nicht für die Projekte.

So halten wir an unserer »Anarchie« fest: Die Stiftung Dialog und Bildung hat keinerlei Weisungsbefugnis. Hier sitzt kein Chef, keine Chefin. Nur Ansprechpartner. Im Kuratorium der Stiftung sind neben namhaften Persönlichkeiten aus Wissenschaft und Politik mit Mehmet Ali Şengül und Abdullah Aymaz auch langjährige Schüler von Fetullah Gülen. Hier wird nicht der Ton angegeben, sondern höchstens eine Frage beantwortet oder weitergeleitet.

Zugleich verstärken wir unsere Öffentlichkeitsarbeit. Dabei ist alles, was wir tun, sowieso öffentlich (nur nicht unser Privatleben, also unsere Familien, unsere Wohngemeinschaften, unsere Freundschaften und unser Liebesleben). Unsere Aktivitäten finden in aller Öffentlichkeit statt, mit Menschen aus allen Bereichen des Lebens, aus allen Nationen und Religionen. Unsere Vereine werden durch Behörden geprüft und in ihrer Gemeinnützigkeit anerkannt. Unsere Schulen und Bildungseinrichtungen sind durch die staatlichen Behörden genehmigt und werden regelmäßig von Ihnen kontrolliert. Da das offenbar nicht genug ist, strengen wir uns an.

Bis 2011 hat sich kaum jemand für Hizmet interessiert, was unterschiedliche Gründe hatte: Wenn über Migration geredet wurde, dann über Defizite. Da fielen wir raus, wir waren integriert, gebildet und beruflich erfolgreich. Die Diskussion kreiste um die offiziellen Islam-Organisationen, zu denen Hizmet nicht gehört. Über die PISA-Debatte wurden wir plötzlich zur großen Bildungsentdeckung, zu »Vorzeige-Türken«, jedenfalls in der Wissenschaftsnische.

Doch im Echo der türkischen Politik waren wir plötzlich die gefährliche »Gülen-Bewegung«. Die mit der Korruptions-affäre. Waren, die gibt's ja auch in Deutschland. Überall. Massenhaft. Plötzlich wurden die Vereine von medialem Interesse überrumpelt. Da standen Journalisten vor der Tür und stellten Fragen, kritische Fragen, versteht sich. Kamen mit versteckter Kamera und versteckten Vorurteilen. Sie trafen auf Ingenieure, Mathematiker und Kaufleute. Engagiert in der Hizmet-Bewegung. Aber ansonsten Laien. Keine Koran-Experten, keine Migrations-Experten, keine Gülen-Experten, keine Türkei-Experten. Sie verstummten, verweigerten die Antwort, gingen nicht ans Telefon. Sie hatten etwas zu verbergen: ihre Angst, ihre Unsicherheit, ihre Ahnungslosigkeit.

Das hat sich geändert. Als Stiftungs-Vorsitzender erkläre und diskutiere ich Hizmet auf zwanzig bis dreißig Veranstaltungen pro Jahr. Ich ermutige die Vereine zu PR-Maßnahmen und Öffentlichkeitsarbeit, zu Offenheit und aktiver Kommunikation. Inzwischen haben fast alle Vereine und Initiativen eigene Webseiten; viele sind noch im Aufbau. *Menschen in Hizmet* sind keine Kommunikationsprofis. Solche Dinge brauchen eine Menge Fachwissen und Geld, das durch die Hexenjagd Erdoğans immer weniger wird. Das müssen wir organisieren, ehrenamtlich, nebenberuflich, in aller Freundschaft. Das braucht Zeit. Oder wie der Volksmund so sagt: Die Karawane formt sich auf dem Weg!

4.

Unter Verdacht – Terrorismus in Deutschland, Türkei und der Welt

Einreiseverbot in der Türkei als deutscher Staatsbürger

Im Juni 2015 machte ich mit meiner Frau, unseren drei Töchtern und einer befreundeten Familie eine Urlaubsreise in die Türkei. Wer selbst Kinder hat weiß, dass man auf eine solche Reise die halbe Wohnung mitnehmen muss. Spielsachen, Kuscheldecken, Lieblingsstofftiere, Bücher und Kleider für alle Gelegenheiten, da kommt einiges zusammen. Wir fuhren mit dem Auto, obgleich die Strecke von über 2000 Kilometer natürlich eine Strapaze war. Aber wir nahmen das alles in Kauf und verbrachten einen entspannten Urlaub in Anatolien. Ich genoss es, Zeit für die Familie und die Freunde zu haben.

In den Jahren zuvor hatte ich aufgrund meiner Arbeit für die Stiftung Dialog und Bildung rund zwanzig Studienreisen in die Türkei organisiert. Die Reisegruppen bestanden jeweils aus etwa einem Dutzend Personen. Das waren Schüler, Lehrer, Unternehmer, Mitarbeiter von Akademien und Stiftungen oder politische und zivilgesellschaftliche Akteure – kurz: gesellschaftlich engagierte Menschen aus Deutschland, die sich über die Türkei vor Ort informieren wollten. Wir fuhren nach Istanbul und Ankara, waren in Süd-Ost-Anatolien unterwegs und trafen Intellektuelle, Korrespondenten deutscher Zeitungen, Vertreter religiöser Minderheiten und unterschiedlichste Partner aus deutschen Institutionen. Wir besuchten die Deutsche Botschaft, das Deutsche Konsulat und trafen zahlreiche Akteure aus Politik und Gesellschaft. Im Fokus unseres Interesses und unserer Sorge standen immer wieder die Entwicklung der Demokratie in der Türkei sowie die Situation der Menschenrechte.

Im Juni 2015 aber machte ich einfach nur Urlaub und verzichtete vollkommen darauf, irgendwen zu treffen. Ich hatte wohl schon eine Ahnung, dass alles andere nicht gern gesehen war. Trotzdem kam es vollkommen überraschend, als ich bei der Ausreise aus der Türkei an der Grenze gebeten wurde, aus dem Auto auszusteigen und in die Polizeistation zu folgen.

Eigentlich durfte es keine Probleme geben. Als deutscher Staatsbürger hatte ich mit gültigen Papieren das Recht, die Grenze zu übertreten. Das Auswärtige Amt weist zwar darauf hin, dass es Probleme geben könnte, wenn die Papiere abgelaufen seien. Aber davon war keine Rede. Ich hatte sowohl einen gültigen deutschen Personalausweis als auch einen gültigen deutschen Reisepass und zwar nicht nur für mich, sondern für die ganze Familie.

Doch darum ging es nicht. Ich wurde etwa zwei Stunden befragt, warum ich in die Türkei gereist sei und was ich dort gemacht hätte. Am Ende durften wir alle weiterfahren. Allerdings wurde ich darauf hingewiesen, dass mein Name auf einer Liste von Personen mit ausländischen, also nicht-türkischen Pässen stünde und diese Liste namens »G87« Mitte Juni 2015, also mitten in meinem Urlaub, rechtskräftig geworden sei. Wären wir die 2000 Kilometer zwei Wochen später in den Urlaub gefahren, hätten wir schon bei der Einreise an der Grenze kehrtmachen müssen. Eine echte Begründung, warum meine Name mit dem Code G87 (Einreiseverbot) versehen war, bekam ich nicht, aber in der deutschen Zeitschrift für Ausländerrecht und Ausländerpolitik *ZAR* fand ich einen Artikel zur Türkei. Demnach kann die türkische Generaldirektion die Einreise eines im Ausland befindlichen Ausländers in die Türkei verbieten, »wenn eine Gefahr für die öffentliche Sicherheit, Ordnung und Gesundheit besteht«. Das Einreiseverbot in die Türkei sei »auf höchstens fünf Jahre« befristet und könne »bei Gefahren für die öffentliche Sicherheit oder Ordnung« durch die Generaldirektion um »höchstens zehn Jahre verlängert« werden. Hätte ich auch die türkische Staatsbürgerschaft gehabt, hätte mir sehr wahrscheinlich Haft gedroht. Hier erwies es sich als Glücksfall, dass ich mich gegen die doppelte Staatsbürgerschaft entschieden hatte.

Auch von Freunden aus der Hizmet-Bewegung hörte ich, dass sie, kaum auf dem Flughafen Istanbul gelandet, sofort aufgefordert wurden, mit dem nächsten Flugzeug wieder auszureisen. Eine Begründung oder gar ein offizielles Schreiben bekam niemand von uns. Im April 2016 berichtete ProAsyl, die regelmäßig die Situation von Flüchtlingen in der Türkei beobachten, dass manche Flüchtlinge »als Gefahr für die öffentliche Sicherheit bezeichnet [würden], andere als ausländische Kämpfer, die einen G87-Code (Einreisebeschränkung) in ihren Akten vermerkt haben. Bei den meisten gab es keine konkreten Beweise, offiziellen Ermittlungen oder Gerichtsverhandlungen.«

Zwischenzeitlich hat der türkische Außenminister öffentlich geäußert, dass von dem Code G87 etwa 50 000 Menschen

betroffen sein sollen. In Deutschland hat das in der Öffentlichkeit kaum jemand wahrgenommen. Erst als ein Jahr später im
April 2016 dem ARD-Korrespondenten Volker Schwenck und
dem *Bild*-Fotografen Giorgos Moutafis die Einreise verweigert
wurde, berichteten die deutschen Medien empört. Während die
türkischen Behörden Schwenck offiziell die Nichteinhaltung
von Presseformalitäten vorhielt, erfuhr Moutafis lediglich, dass
sein Name auf einer Liste stünde. Im Medien-Jargon war das
dann die »Schwarze-Reporter-Liste der Türkei«. Bundeskanzlerin Merkel, die zeitgleich offiziell die Türkei besuchte, zeigte
sich »besorgt«. Vizekanzler Gabriel sprach von einem »mehr
als problematischen Akt«. Ich habe seither nicht mehr versucht,
in die Türkei einzureisen.

9/11 und die Folgen für deutsche Muslime

Das Einreiseverbot in die Türkei war nicht das erste Mal,
dass ich plötzlich als Gefahr galt. Schon der 11. September
2001 hatte die Welt verändert, auch das Leben als Muslim in
Deutschland.

Dabei war ich als Kind türkischer Einwanderer in Schwerte bei Dortmund relativ unbescholten aufgewachsen. Meine
Eltern legten sehr viel Wert auf die Bildung von uns vier Kindern – mein Vater verbot uns Ferienjobs, wir sollten lieber ein
Buch lesen. Meine Mutter, die kaum Deutsch sprach und selbst
Türkisch kaum lesen konnte, hatte mit unserer Hilfe sogar
den Führerschein gemacht, um uns zum Gymnasium fahren
zu können. Der Rest der türkischen Großfamilie war entsetzt.
Eine Frau, die den Führerschein macht! Es ging meinen Eltern
dabei nicht um unseren sozialen Aufstieg, sondern tatsächlich

um Bildung im weitesten Sinne. Wir sollten nicht äußerlich reich werden, sondern denkende, wissende Menschen, die ihren eigenen Werten treu sind. Am Ende machten wir alle, meine drei Geschwister und ich, Abitur und studierten, und engagieren uns neben unseren Berufen gesellschaftlich und politisch.

Unsere Familie war und ist das, was sich selbst die stärksten Kritiker der Zuwanderung wünschen: bestens integrierte Neu-Deutsche. Für unsere Religion interessierte sich eigentlich niemand besonders – bis zum 11. September 2001.

An diesen Tag erinnert sich wohl jeder, der ihn erlebt hat, egal wo auf der Welt, genau. Seine Bedeutung war am Tag selbst nicht abzusehen. Für niemanden. Erst in den folgenden Tagen und Wochen begann sich anzudeuten, welche Auswirkungen dieses Attentat auf das Weltgeschehen haben würde. Und welche auf mein Studentenleben in Dortmund, wo ich inzwischen die Universität besuchte.

Es war ein Schock. Für alle. Auch für mich. Danach war klar, dass man etwas tun musste. Denn das war nicht irgendein Attentat. Dies war ein Terrorakt, der auf perfide Weise Propagandazwecken diente. Er richtete sich nicht nur gegen den Westen. Er richtete sich gegen jede Art von Menschlichkeit. Er richtete sich auch gegen den Islam. Gegen Gott.

In den letzten zwanzig Jahren sind weltweit unzählige Menschen bei Bombenanschlägen, bei Selbstmord-Attentaten und bei kriegerischen Auseinandersetzungen ums Leben gekommen. Man könnte zynisch meinen, auf einen Anschlag mehr oder weniger käme es nicht an. Aber dieses Attentat war mehr als ein Massaker an Zivilisten, die morgens wie jeden Tag zur Arbeit gegangen waren.

Schnell war klar, dass dieses Ereignis die westliche Welt verändern würde. Dies war ein schrecklicher Mord und er fand im Namen des Islam statt. Nach und nach kam heraus, dass einige Attentäter in Deutschland gelebt, dass sie an der Universität Hamburg-Harburg studiert und scheinbar ein ganz normales Leben geführt hatten.

Auf einmal war es egal, ob ich Deutscher war oder Türke. Ich war Muslim. Bislang hatte das keine Rolle gespielt. Keiner meiner deutschen Freunde, Lehrer oder Professoren hatte sich für meine Religion interessiert. Aber plötzlich stand ich unter Verdacht. Gerade dass ich so ein »normales« unauffälliges Leben führte, galt als gefährlich. War ich vielleicht ein »Schläfer«? Einer, der nur darauf wartete, dass er von irgendwoher eine SMS bekam, um sich dann einen Sprengstoff-Gürtel umzubinden und an belebter Stelle Dutzende Menschen mit sich in den Tod zu reißen?

Niemand sprach das aus. Schon gar nicht meine Freunde oder Bekannten. Aber es lag eine seltsame Spannung in der Luft. Die mediale Berichterstattung trug wesentlich dazu bei. Die Verunsicherung war groß, auch unter den Journalisten, die sich plötzlich mit etwas beschäftigen mussten, das in ihrem Leben in Deutschland bislang nicht vorgekommen war.

Früher war es egal gewesen, ob ein »Ausländer« aus Spanien, Italien oder der Türkei kam. Er war einfach nur anders. Fremd eben. Das änderte sich jetzt. Plötzlich spielte es eine Rolle, woher jemand kam, weil er womöglich eine Religion mitbrachte, mit der man sich bislang nicht beschäftigt hatte und über die man kaum etwas wusste.

Die Hippies der 1970er-Jahre waren von Amerika und Europa nach Indien gereist und hatten Yoga, Chakren-Massage und Henna mitgebracht. In den 1980er-Jahren hatte man neben den japanischen Autos auch japanische Kampfsportarten kennengelernt, übte sich als Manager im Toyota-Produktionssystem und in Tai-Chi oder Qigong. Eine Esoterik-Welle hatte ab den 1990er-Jahren mit der Globalisierung auch Riten von diversen Naturvölkern nach Deutschland gespült. Plötzlich gab es Voodoo-Puppen und schamanische Heilelixiere. Aber wenn das Gespräch auf das Thema »Religion« kommt, gibt es bis heute ein verklemmtes Stühlerücken.

Man fühlte sich immer noch irgendwie christlich geprägt, aber statt in die Kirche gingen die meisten Deutschen schon lange lieber in Konsum-Tempel und Shopping-Kathedralen. Und jetzt wurde »Gott« oder besser »Allah« plötzlich in ihr Leben gebombt. Erst mal nur über den Fernseher. Aber auf diese Weise direkt ins Wohnzimmer – und in die Köpfe.

Mit Terrorismus hatte Europa viel Erfahrung. In Irland, in Norditalien, im Baskenland. Die Globale Terrorismus-Datenbank (GTD), eine Open-Source-Online-Datenbank der University of Maryland in den USA, hat 12 593 Anschläge zwischen 1970 und 2014 erfasst, im Schnitt 286 jedes Jahr. Fast jeden Tag eins. Intensive Erfahrungen mit Terror hatte Westdeutschland, die alte Bundesrepublik, in den 1970er-Jahren gemacht: Die selbst ernannte Rote Armee Fraktion, kurz RAF, eine kleine Gruppe radikaler junger Menschen, versuchte erst mit Brandstiftung, dann Entführungen und Morden, eine Revolution in Gang zu bringen.

Die meisten Anschläge in Europa, nämlich fast zweitausend, verübte die baskische Untergrundorganisation ETA. Etwa genauso viele die nordirische IRA. Die Motive? Tja. Innerhalb der IRA gab es katholische Extremisten, Nationalisten, aber auch fanatische Marxisten. Einig waren sie sich nur in ihrer Vorliebe für Bomben und Gewalt. Von den meisten Terrorgruppen haben wir hierzulande noch nie etwas gehört. Wer kennt schon die CPI-Maoisten, die in Indien über 1500

Anschläge verübt haben? Wer die *New People's Army*, obwohl sie ebenfalls schon über 1300 Anschläge auf den Philippinen verübte? 2700 Terrorgruppen waren in den letzten 45 Jahren aktiv, zählte die *Süddeutsche Zeitung* im Herbst 2015 und stellte eine interaktive Karte ins Netz. Manche waren nur wenige Jahre aktiv, manche brutaler als andere. Die verheerendsten Anschläge mit den meisten Toten gab es in Afrika. Alle Tätergruppen behaupten, politische, religiöse oder soziale Ziele zu verfolgen. Angeblich wollten sie nicht töten, sie wollten etwas bewirken. Und doch hat kein Attentat solche Auswirkungen auf das Bewusstsein der Menschen gehabt wie der 11. September 2001, nie zuvor und niemals danach hatte es so viele Opfer an einem Tag gegeben: etwa 3000 Tote und mehr als 6000 Verletzte.

Der tiefe Eindruck hatte auch mit der Prägnanz zu tun, mit der sich das Datum in der Massenkommunikation einbrannte: Die amerikanische Schreibweise »9/11« entsprach der in den USA üblichen Notruf-Nummer. Ein perfektes Label für ein Verbrechen, das sich so auch namentlich ins Gedächtnis einbrennen konnte.

Die Bewusstseinsveränderung hing außerdem mit dem Tatort zusammen. An die tausend Opfer, die 1995 beim Giftgasanschlag auf die U-Bahn in Tokyo verletzt wurden, an die 300 Menschen, die bei einer Anschlagserie auf Wohnhäuser in Buinaksk, Wolgodonsk und Moskau starben, schienen weit weg. New York hingegen, Manhattan, im Inland der USA, war sehr nah.

Vor allem aber entstand die ungeheure Wirkungsmacht des Attentats aus der Neuartigkeit der Bildsprache: Nie zuvor hatte die Weltöffentlichkeit einen Anschlag quasi live mitverfolgt. Nie zuvor hatten sich Laien-Aufnahmen, die Passanten mit ihren Handys machten, als Dokumente eines Verbrechens um den Globus verbreitet. So schrecklich die Tat, so perfide die propagandistische Wirkung.

Angst vor Terror, Angst vor dem Islam

Terroranschläge finden nach wie vor überwiegend in Afrika, Asien und Südamerika statt. Doch immer öfter verlagern die Terroristen ihre Kriege von den weit entfernten Schlachtfeldern nach Europa, nach London, Madrid oder Paris. Zugleich verlagern sie ihren selbst ausgerufenen Krieg in die Medien und benutzen neueste Kommunikationstechniken: inszenierte Filme, digital bearbeitete Fotos, elektronisch erzeugte Massenmails, Facebook und Twitter-Postings. Alles mit dem Ziel, Angst und Schrecken zu verbreiten.

Und Menschen, die Angst haben, geben dem Monster einen Namen und sperren es aus.

Eine Bekannte erzählte mir einmal die Geschichte von ihrem kleinen Sohn, der eines Nachts nicht einschlafen konnte. »Mama, da sitzt ein Schaf auf dem Schrank!« sagte er verängstigt. Die Mutter verkniff sich das Lachen. »Da ist kein Schaf!«, antwortete sie. »Es kommt immer raus, wenn du aus dem Zimmer gehst«, erklärte das Kind. Die Mutter überlegte, was sie tun könnte. Schnell fand sie eine Lösung. Sie nahm ein Stück Papier und einen Stift und schrieb: »Schafe verboten!« Das las sie dem Sohn vor und hängte das Schild an die Kinderzimmertür, worauf der Kleine beruhigt einschlief.

Der Name des Bösen, der sich seit September 2001 in die Köpfe der Europäer einbrannte, hieß »Islam«. Das Wort heißt auf Deutsch »Hingabe, Frieden«. Natürlich ist es ähnlich absurd, Angst vor dem Frieden zu haben wie als Kind Angst vor einem Schaf. Nur leider kann man Angst nicht diskutieren. Und die Angst vor Attentaten ist sehr real.

Die Angst vor dem Islam wird befördert durch die Tatsache, dass sich die Terrorgruppen bei ihren Verbrechen immer wieder auf den Islam berufen. Das ist Teil ihrer professionellen Propaganda. Wer möglichst viele Anhänger hinter sich scharen will, wird sich Werten verschreiben, die möglichst viele Menschen teilen. Jeder Sportartikel-Hersteller weiß, dass man mehr Turnschuhe verkauft, wenn man Sympathien für die richtige Fußball-Mannschaft behauptet.

Am 11. September 2001 hatten wir deutschen Muslime höchstens eine leise Ahnung davon, welche Propaganda-Welle auf uns zurollte. Wir spürten, dass dahergelaufene Demagogen die aufgeregte Stimmung nutzen könnten, um simple Verbotsschilder an die Türen Deutschlands zu hängen: »Islam verboten!« Wir hofften, dass man dieser unseligen Kombination aus Angst und Propaganda mit der stärksten Waffe entgegentreten könnte, die dem Menschen zur Verfügung steht: mit Vernunft!

Auch meine Bekannte hatte am nächsten Wochenende ihren Sohn an die Hand genommen und war mit ihm in einen Tierpark gefahren. Schafe, so lernte er dort, sitzen nicht auf Schränken, sondern leben auf der Weide. Sie fressen keine kleinen Kinder, sondern Gras und Löwenzahn.

Mit dem Islam könnte es ähnlich einfach sein. Dachten wir. Und taten, was wir schon die ganze Zeit taten, nur mit noch mehr Engagement: mit den Menschen reden.

Gülens Botschaft: Gewalt hat keine Religion

Auch nach meinem studienbedingten Umzug nach Dortmund war ich in der örtlichen Moschee aktiv. Inzwischen organisierte ich selbst *Sohbets* und bot Führungen durch die Moschee an, um interessierten Menschen unsere Religion zu erklären. Um mich neben meinem Universitätsstudium religiös weiterzubilden, las ich viele Bücher. Ich liebte die Gedichte des Anatolen Yunus Emre, der im 14. Jahrhundert gelebt und geschrieben hatte. Eine Übersetzung seiner Volkslieder aus dem Türkischen ins Deutsche hat die vielfach ausgezeichnete Islamwissenschaftlerin Annemarie Schimmel vorgenommen und in eine kleine Novelle eingeflochten: *Wanderungen mit Yunus Emre* gehört bis heute zu meinen Lieblingsbüchern.

Besonders prägten mich aber die vielen Bücher eines zeitgenössischen türkischen Intellektuellen: Fethullah Gülen. Ich las sie auf Türkisch; ins Deutsche waren sie damals noch nicht übersetzt. Sein Nachname bedeutet eigentlich »der Lächelnde« oder »die Lächelnde«, das Türkische unterscheidet hier nicht. Sein Vorname heißt übersetzt: »Gottes Eroberung«. Es ist ein schöner Zufall, dass sein Name so gut zu seinen Botschaften passt – denn was Gülen in seinen religiösen Büchern schreibt, ist gewissermaßen eine lächelnde Eroberung Gottes. Seine Bücher tragen Titel wie *Smaragdgrüne Hügel des Herzens*, *Perlen der Weisheit* oder *Die Statue unserer Seele* und ermutigen die Leser, sich für den islamischen Glauben zu öffnen. Sie sollen Fragen stellen, und zwar Gott, ihren Mitmenschen und sich selbst. Gülen fordert zum Lesen, zum Denken und zum Diskutieren auf. Er bittet zum interreligiösen Dialog und wünscht sich eine globale Kultur der Liebe und Toleranz.

Ende der 1990er-Jahre war der damals knapp 60-Jährige aus gesundheitlichen Gründen erst nur für kurze Zeit nach Pennsylvania in die USA gezogen, weil es dort Ärzte gab, die ihn besser behandeln konnten als die Mediziner in der Türkei.

Eben jener Fethullah Gülen trat den Terroristen vom 11. September mit Vehemenz entgegen und schaltete für 62 000 Dollar eine ganzseitige Anzeige in der *Washington Post*, finanziert von muslimischen Geschäftsleuten. Das Blatt ist die größte und älteste Tageszeitung in Washington und eine der renommiertesten Zeitungen der Welt. Sie steht für seriösen und investigativen Journalismus, ist ein entschiedener Verfechter der Pressefreiheit und weltweit eine Instanz für Menschenrechte und Demokratie. Die *Washington Post* hat in den 1970er-Jahren die *Pentagon Papiere*, geheime Dokumente des US-Verteidigungsministeriums, veröffentlicht, die Manipulationen der Öffentlichkeit während des Vietnamkriegs offenlegten. Es war auch die *Washington Post*, die den berühmten Watergate-Skandal, nämlich die Wahlkampf-Tricks des damaligen amerikanischen Präsidenten Richard Nixon, aufdeckte. In dieser Zeitung also veröffentlichte Gülen am 21. September 2001 diesen Text:

> *»Im Namen des Islam oder um eines Muslims willen kann es niemals Terror geben. Morde, Selbstmordanschläge und Entführungen sind im Islam verboten und dürfen unter keinen Umständen begangen werden. Wer durch eine solche Tat auch nur einen einzigen Menschen tötet, so heißt es im Islam, tötet die gesamte Menschheit. Ein Terrorist kann kein Muslim sein und ein Muslim kann kein Terrorist sein. Ein Muslim kann für nichts anderes einstehen als für Frieden, Wohlbefinden und Wohlstand.«*

Damit war Gülen weltweit der erste islamische Gelehrte, der auf den Anschlag laut und deutlich reagierte. Das war nicht ohne Bedeutung – im Gegenteil. Denn Gülen genießt bis heute vor allem in der türkischen Gesellschaft und bei großen Teilen der Exil-Türken in aller Welt größtes Ansehen. Er hat über sechzig Bücher geschrieben, die meisten von ihnen zu theologischen Themen, oft mit ratgeberischem Charakter zu Fragen des Alltags: Welche Rolle spielen Höflichkeit und Respekt in zwischenmenschlichen Beziehungen? Wie bekämpfe ich meinen inneren Schweinehund? Wie gehe ich mit Depressionen um?

Seit den 1970er-Jahren hatte er in der Türkei als Prediger gewirkt und mit seinen anschaulichen und lebenspraktischen Vorträgen viele Menschen erreicht. Zu einer Zeit, als in der Türkei noch große Teile der Landbevölkerung Analphabeten waren, kursierten Aufnahmen seiner Vorträge auf Kassetten und Tonbändern. Die ungebildete, aber gläubige Landbevölkerung – sonst allem Neuen gegenüber sehr skeptisch – ließ sich von ihm zur Aufgeschlossenheit gegenüber der Moderne ermutigen: Seine wichtigste geistige Leistung bestünde darin, Islam und Moderne in Einklang gebracht zu haben, schrieb die *Süddeutsche Zeitung* 2013 in einem Porträt über Gülen. Bis heute spricht er wöchentlich per Video-Stream zu gläubigen Muslimen in aller Welt in seiner Muttersprache Türkisch.

Wie viele Menschen sich von Gülen inspirieren lassen, zeigte sich als 2008 das britische Debattenblatt *Prospect* und die amerikanische Zeitschrift *Foreign Policy 100* in einer öffentlichen Umfrage abstimmen ließ, wer der bedeutendste Intellektuelle der Gegenwart sei. Fethullah Gülen landete auf Platz 1 der Rankingliste. Auch das *Time Magazine* wählte drei Jahre später Gülen zu einem der hundert einflussreichsten Menschen auf dem Planeten und hob dabei auch dessen

Mobilisierungsfähigkeiten im Sinne friedlicher Völkerverständigung hervor: »Als der mächtigste Befürworter der Mäßigung in der islamischen Welt führt Gülen eine dringend notwendige Kampagne.«

Innere Emigration: Die Angst der Gläubigen

Gülens Anzeige erschien nicht nur auf Englisch in der *Washington Post*, sie wurde in verschiedenste Sprachen übersetzt und vielerorts nachgedruckt. Auch in Deutschland fand die Anzeige schnell ein Echo, allerdings nicht in den deutschen Medien: Es war die türkische Zeitung *Zaman*, die in Deutschland eine Sonderausgabe zu den Anschlägen vom 11. September veröffentlichte und darin auch den Wortlaut von Gülens Anzeige wiedergab. Von der Ausgabe wurden etwa eine Million Exemplare gedruckt und kostenlos ausgegeben. Redaktion und Herausgeber wollten als fromme Muslime der Welt die Botschaft vermitteln, dass Terror niemals etwas mit dem Islam zu tun haben kann. Meine Freunde und ich gehörten zu den vielen Freiwilligen, die die Ausgabe kostenlos vor den Moscheen verteilten.

Wir spürten, dass spätestens jetzt der Zeitpunkt gekommen war, engagiert und öffentlich für unseren Glauben einzutreten. Gerade angesichts der menschenverachtenden Anschläge – zu deren Opfern übrigens jedes Mal auch zahlreiche Muslime zählten – fühlten wir uns dazu verpflichtet, unseren Einsatz für Frieden, Toleranz und gegenseitigen Respekt zu bekräftigen.

Doch viele Muslime in Deutschland zogen sich lieber zurück. Die meisten von ihnen hatten über die Jahre die Erfahrung gemacht, dass sich niemand für ihre Andersartigkeit als

»Ausländer« interessierte. Warum sollte sich ausgerechnet jetzt jemand für ihre Andersgläubigkeit interessieren? Statt sich gegen den Missbrauch ihrer Religion zu wehren und der verzerrten medialen Darstellung des Islam entgegenzutreten, zogen sie sich – quasi vorauseilend frustriert – zurück. Sie hofften, dass diese Ereignisse wie ein Unwetter vorbeiziehen würden und dass man hinterher die Scherben zusammenkehren und wieder weitermachen könne wie bisher. Nur nicht auffallen, hieß die Devise. So wie all die Jahre zuvor. Einfach ruhig bleiben, fleißig und zuverlässig die Arbeit erledigen und bloß keinen Ärger machen.

Ich mache den Journalisten keinen Vorwurf. Sie haben nicht bewusst gegen den Islam agitiert, eher aus Ahnungslosigkeit heraus geschrieben, in einem harten Job, unter Hoch- und vor allem Zeitdruck. Im Grunde hetzen sie den Botschaften nur hinterher; immer ist jemand anderes schneller und schon wird die nächste Sau durchs Dorf getrieben. In Sekundenschnelle müssen sie den Schreckensruf – »Im Kinderzimmer sitzt ein Schaf auf dem Schrank!« – in eine topaktuelle Nachricht übertragen. Und das, obwohl sie sich mit Schafen bislang nicht beschäftigt haben. Kein Wunder, dass so mancher den Hinweis übersieht, dass Schafe gemeinhin friedliche Tiere sind und dass es sich bei dem gesichteten Tier um einen Wolf im Schafspelz handeln müsse. Erst recht, wenn gerade wieder Live-Bilder von einem in Wolle gewickelten Vierbeiner über den Äther gehen. Großaufnahme Zähnefletschen. Außerdem hat »Schaf« weniger Buchstaben als »Wolf im Schafspelz«, was in der Kürze der Schlagzeile reichen muss. Dann treten neben dem Wolf auch noch Hyäne und Schakal auf die Bühne des Geschehens – alle gleichermaßen in Schafspelz gehüllt. Das muss doch was mit den Schafen zu tun haben ...!

Im Nachhinein wurde oft kritisiert, dass sich Muslime nicht deutlich genug von Al Qaida, Boko Haram, Daesh und all den anderen Terroristen distanzierten. Das ist nicht richtig. Wer zu uns in die Einrichtungen der Hizmet-Bewegung kam, der hat nichts anderes über diese Verbrechen gehört als Entsetzen, Ablehnung und Abscheu. Es gab Fürbitten für die Opfer und Gebete für ihre Angehörigen. Die große Mehrzahl der Muslime grenzte und grenzt sich sehr deutlich von Gewalt und Terror ab. Aber nochmals: Ich mache den Journalisten keine Vorwürfe. Denn was uns, der großen Zahl friedlicher, demokratischer, um nicht zu sagen aufrichtiger Muslime fehlte, war eine Kommunikationsstrategie, die dem professionellen Wolfsgeheul der Terroristen etwas entgegensetzen konnte.

Die meisten Moscheen in Deutschland stehen in verlassenen Industriegebieten, in gewerblichen Hinterhöfen oder in Stadtbezirken, die von der deutschen Mehrheitsgesellschaft nicht gern betreten werden. Die Mehrzahl der Imame spricht in Sprachen, die von der deutschen Mehrheitsgesellschaft nicht verstanden werden – Türkisch, Arabisch, Bosnisch, Farsi etc. Die überwiegende Mehrheit der Journalisten spricht Deutsch, Englisch, Französisch, manchmal noch Spanisch, ist, wenn überhaupt religiös, dann christlich geprägt.

Erst 2008 gründete sich der Verein »Neue deutsche Medienmacher«, um zu thematisieren, dass zwar jeder fünfte Deutsche einen sogenannten Migrationshintergrund hat, in den Redaktionen jedoch nur jeder fünfzigste. Auf ihrer Webseite heißt es: »In der Berichterstattung fehlt es an Perspektiven von Migrant*innen und an einer Darstellung gesellschaftlicher Vielfalt, die nicht von Stereotypen gekennzeichnet ist.« Das gilt bis heute.

Erst langsam gewöhnt sich das deutsche Fernsehpublikum daran, dass es auch auf dem Wohnzimmerbildschirm Deutsche gibt, die nicht blond, nicht hellhäutig und nicht in Bullerbü aufgewachsen sind. Die heute weithin bekannte Fernsehmoderatorin Dunja Hayali arbeitete die ersten acht Jahre ihrer Karriere beim Radio. Böse gesagt: An ihrer Stimme war nicht zu erkennen, dass sie »nicht deutsch« ist. Bloß: Sie *ist* deutsch. In Deutschland geboren und in Deutschland aufgewachsen. Sie hat einen deutschen Pass, eine deutsche Ausbildung und einen deutschen Arbeitsplatz. Und trotzdem wird sie bis heute vielfach als »Ausländerin« angefeindet. Als Unterstützerin des Vereins »Gesicht Zeigen!« und als Botschafterin der Initiative »Respekt! Kein Platz für Rassismus« tritt sie entschieden jeder Form von Intoleranz und Menschenfeindlichkeit entgegen. Seit April 2007 moderiert sie das Morgenmagazin des ZDF. Doch Dunja Hayali ist heute wie damals täglich Hassmails und beleidigenden Kommentaren auf Facebook und Twitter ausgesetzt. Wohlgemerkt: Dunja Hayali ist Tochter irakischer Christen, gläubige Katholikin und war in der Jugend Messdienerin. Man stelle sich vor, sie wäre gläubige Muslima und säße mit Kopftuch vor der Kamera. Im internationalen Fernsehen mittlerweile gang und gäbe, im deutschen (noch) undenkbar.

Anders gesagt, es kostet Mut – 2016 genauso wie 2001 –, sich offen hinzustellen und zu sagen: Ich bin gläubiger Muslim. Ich weiß, das hört man in Deutschland nicht gern. Ich weiß, dass wir in Deutschland eine wunderbare Demokratie haben, die uns Meinungsfreiheit und Religionsfreiheit garantiert. Dafür bin ich dankbar und ich bin stolz darauf, Bürger dieses Landes zu sein. Und trotzdem weiß ich auch, dass es unter den heute rund 82 Millionen Menschen in diesem Land einige gibt, die einen feuchten Kehricht auf diese Rechte geben.

Engagiert gegen das böse Image des Islam

Die Kehrseite der Angst vor den Terroristen erlebte ich schon vor 2001. Ich war 13 Jahre alt, als in Solingen – das liegt etwa 50 Kilometer von meinem Heimatort Schwerte entfernt – bei einem Terroranschlag fünf Menschen starben. Ein Zweifamilienhaus, bewohnt von einer türkischen Familie, war von Rechtsextremen in Brand gesetzt worden. Drei der Ermordeten waren jünger als ich selbst: Saime Genç war vier, Hülya Genç war neun und Gülüstan Öztürk war zwölf Jahre alt. Auch Hatice Genç, 18, und Gürsün İnce, 27, waren kaum erwachsen, als sie in den Flammen ums Leben kamen. 17 weitere Menschen wurden verletzt, zum Teil lebensgefährlich. Vorausgegangen waren fremdenfeindliche Anschläge in Rostock, Hoyerswerda und Mölln. Solingen war der Höhepunkt rassistisch motivierter Anschläge zu Beginn der 1990er-Jahre. Auch diese Ereignisse haben sich ins kollektive Gedächtnis eingebrannt, vor allem in das der Einwanderer.

In den Jahren 2000 bis 2006 fanden in Deutschland Morde statt, die heute als Terrortaten des Nationalsozialistischen Untergrunds (NSU) gerichtlich verfolgt werden, aber damals als »Döner-Morde« Schlagzeilen machten. Man verkehrte Täter und Opfer, isolierte die Angehörigen der Ermordeten und stellte sie unter Verdacht. Heute weiß man, wie falsch das war. Wie empörend ungerecht. Heute schreibt die *Zeit*: »Die neun NSU-Opfer waren nicht nur ›ausländischer Herkunft‹. Sie waren selbstständig, erfolgreich und selbstbewusst. Auf ihren Lkw stand ›Şimşek‹ und nicht ›Müller‹. Sie waren keine Bittsteller, sondern Unternehmer, Teil der deutschen Gesellschaft.« Semiya Şimşek, Tochter eines der Opfer, schreibt in ihrem Buch *Schmerzliche Heimat*, dass ihr Vater und die acht anderen Menschen vielleicht genau deshalb sterben mussten: Sie veränderten das Gesicht Deutschlands. Der Lohn für den Fleiß der Einwanderer war Hass.

Als 2010 beim angesehenen Verlag DVA (Deutsche Verlagsanstalt, München), bei dem einst auch Thomas Mann publizierte, *Deutschland schafft sich ab*, das Buch des prominenten SPD-Finanzpolitikers Thilo Sarrazin, erschien, da erklomm es binnen kurzem die Bestsellerliste. Heute ist es in der 22. Auflage zu kaufen. Anderthalb Millionen Menschen wollten lesen, wie »wir« »unser« Land aufs Spiel setzen, indem »wir« Zuwanderung aus muslimischen Ländern zulassen. Die *Zeit*-Redakteurin Hilal Sezgin hat kurz danach als Antwort beim Berliner Blumenbar Verlag das *Manifest der Vielen. Deutschland erfindet sich neu* herausgegeben. Darin haben »wir« erzählt, wie es ist, als Neu-Deutsche in Deutschland zu leben. Die zweite Auflage ist bis heute nicht verkauft.

Ich zähle diese Dinge nicht auf, um zu lamentieren oder anzuklagen. Dann müsste ich weiter ausholen und würde auch die vielen Geschichten von blutigen Schweinsköpfen erzählen, die regelmäßig vor den Türen der Moscheen liegen und so still wie unauffällig von uns Muslimen wieder beseitigt werden. Nein, ich will nicht diese Opfer mit jenen Opfern verrechnen. Jede Art von Gewalt, körperlicher, seelischer, verbaler, ist zu verurteilen, jedes Opfer eines zu viel: »Was einem Menschen angetan wird, wird der gesamten Menschheit angetan.«

Ich zähle diese Dinge auf, um zu erklären, warum Muslime in Deutschland in den letzten fünfzehn Jahren vielleicht nicht ganz so laut und entschieden aufgestanden sind, wie sich das viele gewünscht hätten. Wer sich nicht geliebt, nicht respektiert, ja nicht einmal wahrgenommen fühlt, der steht in einer Krise nicht auf und stellt sich selbstbewusst hin, um laut und deutlich zu widersprechen. Wer Angst vor Repressionen hat, der stellt sich nicht hin und zeigt Solidarität mit Schwächeren. Selbst Angela Merkel, François Hollande und die anderen fünfzig Staats- und Regierungschefs haben ihren Schweigemarsch nach den Anschlägen von Paris 2015 nur in Begleitung von Polizei-Hundertschaften und fernab der Massen gewagt. Woher sollten wir Muslime den Mut nehmen?

In der Rückschau würde ich mir wünschen, dass gleich am 12. September 2001 Milliarden von Muslimen rund um den Globus Hand in Hand schweigend und betend auf die Plätze ihrer Städte gelaufen wären, um still der Opfer zu gedenken und friedlich gegen den Terror zu demonstrieren. Was wäre das für ein Bild gewesen! Was für eine stolze Antwort der Gläubigen auf die grausige Tat der Ungläubigen!

Immerhin: Es gab die große Anzeige in der *Washington Post*. Es gab die Sonderausgabe der *Zaman*. Es gab Hunderte von muslimischen Gottesdiensten, in denen der Opfer gedacht wurde. Es gibt hunderttausend Muslime in Deutschland, die die Attentate vom 11. September 2001 genauso für Verbrechen halten wie alle anderen Anschläge, die es vorher und nachher gegeben hat – ob im Namen der Iren, der Basken, der Kurden oder irgendeines andern Volkes, ob im Namen des Maoismus, des Nationalsozialismus oder irgendeiner anderen Ideologie, ob im Namen der Katholiken, der Hindus, des Islam oder irgendeiner anderen Religion. Mord ist Mord. Und durch nichts zu rechtfertigen.

Heute gibt es immer mehr Muslime, die diesen Satz laut und deutlich sagen. Und immer öfter wird er auch gehört. Wir haben dazugelernt. Noch Anfang des Jahrtausends meinten viele Muslime, man solle sich lieber ruhig verhalten. Fünfzehn Jahre später wissen wir: Das nützt auch nichts! Im Gegenteil.

Indem wir stillhielten, überließen wir anderen die Kommunikation und so kam es zu dem, was der Islamwissenschaftler
Aziz al-Azmeh eine »Islamisierung des Islam« nannte. Was
er meinte: Der Westen konstruiert sich seinen eigenen Islam.
Und der ist so fremd wie einheitlich. Die reale Vielfalt wird
in diesem Fantasie-Islam ausgeblendet. Die Möglichkeit eines
demokratischen friedlichen Islam gar nicht mehr in Erwägung
gezogen. Statt der lebendigen friedlichen Vielfalt, für die der
Islam in Wirklichkeit steht, dominiert das Image einer gewalt-
tätigen grausamen Ideologie.

Wir *Menschen in Hizmet* versuchen durch unser konkretes
Tun jeden Tag, gestern, heute und morgen, den grausamen
Bildern etwas entgegenzusetzen. Das ist ein mühsames Brot.
Wie heißt es so schön im Sufi-Islam: »Geduld ist eine der
wichtigsten Handlungen des Herzens«.

5.

Der Islam:
Eine Religion mit vielen Gesichtern

Hizmet und Islam: Bildung und Moderne

»Das hat nichts mit dem Islam zu tun", sagen viele Muslime. Da irren sie sich. Alles hat mit dem Islam zu tun. Man kann nicht vor sich hinglauben und den Rest der Welt ausblenden. Man kann nicht freitags in die Moschee gehen und meinen, was man die anderen Tage der Woche über tut, spiele keine Rolle. Ein gläubiger Muslim, eine gläubige Muslima wird sich fragen, ob das, was sie tut, mit ihrer Religion, mit ihren innersten Werten übereinstimmt.

Wenn ein Muslim sagt: »Die Regierung ist korrupt, aber sie macht gute Arbeit«, dann antworte ich: »Weißt du denn nicht, wie Korruption im Islam beurteilt wird?! Eine korrupte Regierung kann keine gute Arbeit machen!«

Auch Gewalt und Terror haben zwar nichts mit dem Islam, aber mit den Muslimen zu tun, die ihn instrumentalisieren. Leider. Das haben inzwischen alle verstanden. Nun geht es darum, ob wir Muslime genug tun, um Hass und Intoleranz vorzubeugen. Die Realität sieht nicht so gut aus.

Deswegen reden *Menschen in Hizmet*. Sie reden über Bildung, Islam und Demokratie. *Diyalogcu* (Dialogmacher) ist ein Schimpfwort für *Menschen in Hizmet*. Auch in den großen türkisch-islamischen Verbänden in Deutschland, in denen diffamierende CDs und Bücher zu den *Diyalogcu* verteilt wurden. Glücklicherweise organisieren diese Verbände heute selbst religiöse Dialoge, wenn auch nur auf Funktionärsebene. Wir dagegen sind und waren immer schon stolz darauf, *Diyalogcu* zu sein. Wir reden, damit Extremisten mit ihren falschen Versprechungen kein Gehör finden, damit einfältige Menschen zur Vernunft kommen und damit unsichere Menschen Frieden finden.

Das hat nichts mit dem Islam zu tun? Doch!

Wir *Menschen in Hizmet* bauen keine Moscheen. Wir bauen Schulen. Und das hat sehr viel mit dem Islam zu tun. Denn wahrer Glaube kann nur entstehen, wenn man weiß, was man tut, und warum. Der Schlüssel zum Glauben heißt Bildung.

Wer gebildet ist weiß, dass es im Islam keinen Zwang gibt, auch keinen Zwang, an Gott zu glauben. Wer gebildet ist weiß, dass man Frauen das Autofahren nicht verbieten kann. Wer gebildet ist weiß, dass alle Menschen gleichwertig und mit Respekt zu behandeln sind. Wer gebildet ist weiß, dass der Islam eine friedliche Religion ist, weiß, dass Gewalt, egal gegen wen, verurteilenswert ist.

Bildung ist Gottesdienst. Wie andere Gebote auch. Wir beten fünfmal am Tag, aber nicht nur weil es ein Gebot ist. Wir fasten, aber nicht nur weil das Essen im Ramadan tagsüber unter Strafe steht. Und wir reisen nach Mekka, aber nicht nur weil wir sonst in die Hölle kommen. Sondern wir tun das alles, um Gott näher zu sein. Unser Glaube ist im Alltag nicht unbedingt sichtbar, aber er sollte spürbar sein.

Religion ist nicht für Gott da. Sondern sie dient mir als Mensch dazu, ein aufrichtiges Leben zu führen und mich in dieser Welt wohlzufühlen. Ich bete nicht, weil Gott darauf angewiesen ist. *Ich* als Mensch bin darauf angewiesen, mich selbst zu reflektieren und mich auf Gott zu besinnen. Gott ist nicht darauf angewiesen, dass ich einen Monat hungere. Dass ich faste, ist *mir* ein Bedürfnis!

Muslime, die der Hizmet-Bewegung nahestehen, haben weltweit mehr als tausend Schulen gegründet, anfangs nur in der Türkei, später in über hundert anderen Ländern. Inzwischen auch in Deutschland.

Für uns *Menschen in Hizmet* sind Mann und Frau gleichgestellt, ist Demokratie mit dem Islam vereinbar und Toleranz gegenüber Menschen anderer Glaubensrichtungen essenziell für den Frieden in jeder Gesellschaft.

Für uns ist der Islam eine moderne Religion. Wir freuen uns über die Errungenschaften der Wissenschaft. Wir nutzen die Chancen neuer Technologien und neuer Medien. Wir lieben die Menschen. Und wir vertrauen auf Gott.

Koranschulen: Religiöse Rituale

Zur guten Bildung gehörte auch eine religiöse Erziehung, das war für meine Eltern selbstverständlich. Der Einfachheit halber schickten sie meinen Bruder Töresin und mich, als wir etwa zehn Jahre alt waren, in die Koranschule in der nahegelegenen Moschee in Schwerte. Sie wurde von DITIB, dem Dachverband türkisch-islamischer Moschee-Gemeinden, geführt und stand wie all diese Moscheen unter Aufsicht des offiziellen staatlichen Präsidiums für Religiöse Angelegenheiten der Türkei. Der

Unterricht wurde von einem türkischen Imam gegeben, einem Staatsbeamten, der ebenso streng wie pädagogisch unbedarft war – gelegentlich griff er sogar zum Rohrstock. Meine Eltern waren wenig angetan von dieser Art der Erziehung, und so wechselten wir nach kurzer Zeit in eine andere Moschee, in der die Koranschule vom Verband islamischer Kulturzentren VIKZ organisiert wurde. Das ist der älteste und heute einer der größten islamischen Dachverbände Deutschlands. Er vertritt den sunnitischen Islam mit mystischer Prägung und legte schon damals größten Wert auf eine professionelle Ausbildung von Theologen.

In dieser Koranschule gab es nicht nur eine didaktische Systematik, sondern auch einen motivierten Imam. Zudem war die Koranschule als Wochenendlehrgang organisiert. Wir gingen also von Montag bis Freitag in die normale Schule, und am Wochenende in die Koranschule. Jedes Wochenende. Dort lernten wir – zusätzlich zu Türkisch und Deutsch, das wir alltäglich sprachen – nun auch noch Arabisch. Zumindest paukten wir die Schriftzeichen, damit wir den Koran im Original lesen konnten. Denn was die wenigsten Nicht-Muslime wissen: Der Koran ist ein wunderschöner Text, der seine volle Schönheit erst entfaltet, wenn er mit der richtigen Aussprache, Betonung und Melodie vorgetragen wird. Die Koranschüler lernen den arabischen Originaltext nicht zu lesen, um die Inhalte mit dem Verstand zu begreifen, sondern um seinen Klang, ja, seine Musik zu erfassen, ihn in seiner sprachlichen Schönheit mit dem Herzen zu begreifen.

Das Wort »Koran« bedeutet übrigens nicht »Bücher« wie das griechische Wort »Biblia«. Das arabische *al qur'an* ist zu übersetzen als »Lesung, Rezitation«. Die arabische Literatur verfügt über eine lange Tradition der Poesie. So ist auch der

Koran in einer Art Reimform verfasst und für ein geübtes Ohr außergewöhnlich schön. Deswegen lernten wir auch viele Koranverse auswendig – auf Arabisch.

Aber was man in der Koranschule *nicht* lernt ist, wie der Islam richtig zu verstehen ist – wobei allerdings manche Imama ihre Autorität als Vorleser missbrauchen und irgendwelche Regeln aufstellen.

Eine zeitgemäße Interpretation des Korans

Der Koran hat 600 Seiten Umfang und umfasst 114 Suren mit zusammen 6236 Versen. Die Suren sind weder thematisch noch chronologisch nach dem Zeitpunkt ihrer Niederschrift, sondern vereinfacht gesagt nach Größe sortiert: von der längsten bis zur kürzesten. Vorneweg steht ein eröffnendes Gebet. Am Ende stehen wieder zwei Gebete, die den Menschen vor Unheil schützen sollen. Es reicht nicht, den Koran zu lesen wie einen Roman oder ein Fachbuch. Man kann nicht auf Seite 1 anfangen, und auf Seite 600 weiß man Bescheid. Man muss den Koran immer und immer wieder studieren. Man muss hin- und herblättern und die vielen Verse miteinander in Beziehung setzen.

Es gibt Verse, die andere Verse ergänzen. Es gibt Verse, die andere Verse aufheben. Und es gibt Verse, die mit anderen Versen zu konkurrieren scheinen. Allein zu wissen, was an welcher Stelle steht, ist eine Herausforderung. Dann sollte man die Offenbarungshintergründe der einzelnen Verse kennen. Warum wurde was zu welcher Zeit offenbart? Dafür muss man das Leben des Propheten kennen, nicht zuletzt um zu wissen, wie er das Offenbarte umgesetzt hat. Welche Handlungen hat er aus dem Offenbarten abgeleitet? Und wie sehr haben dabei die politischen oder sozialen Umstände eine Rolle gespielt? Ist etwas ein unverrückbarer Grundsatz der Religion? Oder ist das ein Gebot, das schon der erste Gefährte, der erste Gelehrte, der erste Kalif anders ausgelegt hat?

Nehmen wir zum Beispiel das Alkoholverbot. In der Zeit des Propheten, im Arabien der Spätantike, galten Syrien und Palästina als weltberühmte Weinanbaugebiete. Die Riojas und Chiantis dieser Zeit hießen *al-Schamsi* (»der Sonnige«), *al-Schamul* (»vom Nordwind gekühlt«) oder *al-Qarqaf* (»der einen erbeben lässt«). Auch in Mekka wurde Wein getrunken. Die Gefährten müssen den Propheten sogar betrunken aufgesucht haben. In einem Vers heißt es: Sie befragen dich über Berauschendes und Glücksspiel. Sprich:»In beiden liegt großes Übel und Nutzen für die Menschen. Doch ihr Übel ist größer als ihr Nutzen.« (Vers 2:219) Vereinfacht gesagt: »Trinken hat Nutzen, aber auch Nachteile.« Damit wurde das Trinken also nicht verboten.

Offenbar gab es aber Fälle, in denen Leute betrunken zum Gebet kamen, deswegen taucht auch dieser Vers auf:»O ihr, die ihr glaubt, nahet nicht dem Gebet, wenn ihr betrunken seid, bis ihr versteht, was ihr sprecht« (Vers 4:42) Mit diesem Vers im Kopf hielt man sich mit dem Trinken etwas zurück. Schließlich betete man fünfmal am Tag. Also trank man am besten nur abends.

Und erst auf der dritten Stufe kam das endgültige Verbot:»O die ihr glaubt, berauschender Trank, Glücksspiel, Opfersteine und Lospfeile sind nur ein Gräuel vom Werk des Satans. So meidet ihn, auf dass es euch wohl ergehen möge!« (Vers 5:90)

Oder nehmen wir die Sklaverei. Laut Koran ist Sklaverei nicht eindeutig verboten. Bekanntlich war Sklaverei bis weit in die Moderne etwas Übliches, und auch im damaligen Arabien galt Sklaverei nicht als verwerflich. Man hatte einen Sklaven wie ein Unternehmen heute Angestellte hat. Ein Verbot der Sklaverei hätte die damalige Gesellschaft überfordert. Der Koran ist eine Offenbarung, die sich an die Menschen richtet. Er nimmt die Realität der Menschen und bezieht sie ein. Gott sagt nicht: Tu dies, tu das. Sondern er sagt: Ich kenne euch; ich gebe euch Aufgaben, die ihr schaffen könnt. Und deswegen sagt der Islam, dass die Beziehung des Herrn zu seinem Bediensteten klar zu regeln sei: Bezahl ihm seinen Lohn, bevor sein Schweiß trocknet. Also: 1. Entlohnung, 2. Pünktlichkeit und 3. Pausen einhalten, Schweiß trocknen lassen. Er sagt auch: Kleidet sie mit dem, mit dem ihr euch kleidet. Ernährt sie von dem, wovon ihr euch ernährt. Der Schwarze ist nicht minderwertig gegenüber dem Weißen, der Araber nicht wertvoller als der Nicht-Araber.

Von Abschaffung der Sklaverei ist keine Rede. Trotzdem ist klar, dass der Islam Sklaverei nicht befürwortet. Das ist am Leben des Propheten abzulesen. Er hat großen Wert auf die Befreiung von Sklaven gelegt, sie freigekauft und in die Freiheit entlassen. Heutige Interpreten wie Fethullah Gülen verurteilen daher die Sklaverei entschieden: Im Islam ist Sklaverei nicht gewollt.

Im Klartext: Man muss den Koran aus der Zeit seiner Offenbarung heraus verstehen. Und seine Botschaft in die heutige Zeit übertragen.

Die Zeit sei der größte Exeget, sagte der islamische Mystiker und Gelehrte Said Nursi, der Anfang des 20. Jahrhunderts in der Türkei lebte. Er meinte damit, dass sich jede Zeit ihre Interpretation des Islam erarbeiten muss. Es gibt in der islamischen Rechtstheorie sogar einen Fachausdruck dafür: *iğtihād*, gesprochen *idschtihad*, zu deutsch »Anstrengung«.

Er steht verkürzt für den arabischen Ausdruck *iğtihād ar-ra'y*, »das Bemühen um ein eigenes Urteil«. Dank *idschtihād* ist es dem Gläubigen möglich, ja, es ist sogar seine Pflicht, das islamische Recht nach den modernsten wissenschaftlichen Erkenntnissen und nach den vernünftigen Abwägungen aller Gegebenheiten auszulegen. Schon im 19. Jahrhundert gab es deswegen vielschichtige und lebendige Diskussionen im Osmanischen Reich, wie man die scheinbaren Konflikte zwischen Tradition und Moderne, zwischen Ost und West sinnvoll und angemessen versöhnen könne. Das islamische Konzept des *idschtihād* ermöglicht eine undogmatische Denkweise, die jedem Muslim zur Aufgabe macht, seine religiöse Praxis im Lichte zeitgenössischer Umstände permanent zu hinterfragen und anzupassen. Auch deswegen gibt es diese islamische Redewendung: »Die Wege zu Gott sind so viele wie der Atem der Geschöpfe.«

All diese Aspekte erfordern ein ungeheures Wissen. Ich selbst bringe dies Wissen bis heute nicht auf und würde mir deswegen nie anmaßen, den Islam zu interpretieren oder mich hinzustellen und zu sagen: Das ist der Islam. So lebt und glaubt man richtig!

Obwohl: Das tue ich natürlich doch. Ich habe durchaus eine Vorstellung davon, was *ich* unter Islam verstehe und wie *ich* den Koran interpretiere und welche Handlungen *ich* daraus ableite. Aber mir ist klar, dass ich dabei Fehler mache und täglich dazulernen muss. Genau das unterscheidet mich als Mensch von Allah, von Gott: dass er alles weiß und ich in Wahrheit nichts. Den Blinden, so lautet ein *Hadīth*, ist der Gehorsam verboten. Denn auch das ist ganz zentral im Islam: alles zu hinterfragen.

Die Rolle der Imame: Vorleser und keine Theologen

Es gibt Gelehrte, die sich so intensiv mit dem Islam beschäftigen, dass sie sich in der Lage sehen, ihre Interpretationen laut zu verkünden. Fälschlicherweise meinen aber viele Außenstehende, dass *jeder* Imam ein solcher Gelehrte sein müsse. Das ist ein Irrtum. Ein Imam ist oft nur ein guter Vorleser, jemand, der die Schönheit der Sprache vermitteln kann. Wenn man das kann, ist es eine große Kunst. Aber ein Imam ist kein Gelehrter, kein Intellektueller, der Glaubensfragen fundiert beantworten kann. Bei genauer Betrachtung gilt das für jeden Experten, für jeden Prediger. Im Islam gibt es niemanden, der wie der Papst »unfehlbar« ist, wobei er das wohl auch nur für die wenigsten Christen ist.

Jeder Muslim und jede Muslima weiß, wie komplex und vielfältig unsere Religion ist. Deswegen muss ich mich mein ganzes Leben darum bemühen, mir das gesamte Wissen anzueignen. Oder ich mache es mir leichter und vertraue jemandem, der mir in Glaubensfragen überzeugend erscheint. So kann ich Verantwortung abgeben – scheinbar, denn die Verantwortung, *wem* ich vertraue, trage ich allein!

Der Islam besteht aus einer Vielfalt an Interpretationsweisen. Ein Blick in die Welt genügt, um diese Vielfalt zu erkennen. Der Islam in Saudi-Arabien ist ein völlig anderer als der Islam in Tansania; der Islam in Indonesien ein anderer als der in Aserbaidschan. Weltweit gibt es etwa anderthalb Milliarden Muslime, davon sind 90 Prozent Sunniten, also die allergrößte Mehrzahl, und 10 Prozent Schiiten, also etwa 150 Millionen Menschen, die überwiegend im Iran und im Irak leben. Die anderen 1,35 Milliarden Sunniten leben rund um den Globus überall auf der Welt. Im Glauben selbst gibt es keine grundsätzlichen

Unterschiede. Zumindest in einem sind sich alle sunnitischen Muslime einig, nämlich in Bezug auf die fünf Säulen des Islam: Erstens das Glaubensbekenntnis (es gibt keinen Gott außer Gott), zweitens die fünf täglichen Gebete, drittens das Fasten im Monat Ramadan, viertens die Pilgerreise nach Mekka einmal im Leben, und fünftens das Zakāt, das Spenden.

Auf alle anderen Fragen gibt es – unabhängig davon, ob schiitisch oder sunnitisch – viele Antworten: Gebote der Kleidung, Gebote der Ernährung, Gebote des Zusammenlebens – das alles wird je nach kulturellem Kontext, nach politischer Lage und wirtschaftlichem Hintergrund unterschiedlich gelebt und gepredigt.

Die einzige Glaubensrichtung des Islam, die sich nicht an alle fünf Säulen hält, sind die Aleviten, die im Prinzip zu den Schiiten gehören, aber im Ramadan nicht fasten. Deswegen sprechen ihnen manche ab, überhaupt Muslime zu sein. Auch die Aleviten selbst streiten darüber. Übrigens gibt es schätzungsweise 40 Millionen Aleviten, das sind etwa drei Prozent aller Muslime auf der Welt. In der Türkei ist der Anteil höher, und von den geschätzt vier Millionen Muslimen, die in Deutschland leben, ist sogar ungefähr ein Viertel alevitisch.

Politischer Islam und Sufi-Islam

Alle weiteren Unterscheidungen sind eher politischer als religiöser Natur. Die Wahhabiten etwa sind eine Minderheit innerhalb der großen Mehrheit der Sunniten, leben im Königreich Saudi-Arabien und zeichnen sich dadurch aus, dass sie absolut loyal zum Königshaus der Saud stehen. Der Einfachheit halber werden alle 30 Millionen Menschen, die in Saudi-Arabien leben, dazugezählt – wobei zu hinterfragen wäre, ob in diesem autoritären Regime wirklich alle diese Religion aus freien Stücken und innerlich überzeugt leben. Wer dort vom rechten Glauben abfällt, wird nämlich mit dem Tode bestraft.

Salafisten gibt es als Glaubensrichtung eigentlich gar nicht. So werden in der Regel fundamentalistische Menschen bezeichnet, die eine extrem autoritäre Vorstellung von der Welt haben und im Namen des Islam verbreiten. Es ist immer die Rede von einer »wachsenden Zahl«, aber es gibt nicht mal grobe Schätzungen, wie viele Salafisten es wirklich gibt. Es gibt eben keinen eingetragenen Salafisten-Verein, der eine ordentliche Mitgliederliste führt. Oft sind es frustrierte junge Männer ohne Islam- und Arabischkenntnisse, die sich von Extremisten für einen hasserfüllten Kampf gegen die Gesellschaft anheuern lassen, in dem sie ein Ventil für Frust und Aggression finden. Wie viele Menschen das sind? Nach Schätzungen des Verfassungsschutzes soll es in Deutschland 44 000 gewaltbereite Islamisten geben, die allerdings keine einheitliche Gruppe bilden. Und eine einheitliche Glaubenslehre oder fundierte gemeinsame Überzeugung haben sie auch nicht.

Wie gedankenlos Salafisten oftmals irgendwelche Ideologien und vermeintlich islamischen Regeln verbreiten, wenngleich mit größter Vehemenz, konnte ich einmal bei einem Krankenhausbesuch erleben. Im Wartezimmer traf ich zufällig einen Mann, der seinem Aussehen nach zu urteilen ein Salafist war. Er beschwerte sich lautstark darüber, dass es zur Behandlung seiner Frau nur einen männlichen Arzt gab. Auf Deutsch konnte er sein Anliegen nicht richtig kommunizieren. Er kam auf mich zu und bat mich zu übersetzen. Kein Problem. Ich habe ihm geholfen und eine Lösung ermöglicht. Eine Ärztin würde in einer Stunde den Dienst antreten.

So kamen wir ins Gespräch. Er empörte sich, dass es die meisten muslimischen Frauen gar nicht mehr interessiere, ob sie von einem Mann oder einer Frau untersucht würden. Das sei Sünde. Dann kamen wir auf das Thema Schule und Bildung zu sprechen. Ein guter Muslim dürfe seine Tochter eigentlich gar nicht in die Schule schicken, sagte er. Ich erwiderte ihm, dass er dann bald keine Frau mehr finden könne, die seine Frau behandeln kann. Da war er sprachlos.

Was den Islam als Religionsgemeinschaft angeht, ist die Wahrheitsfindung bei all den Statistiken und Erklärungen extrem schwierig. Mitgliederverzeichnisse gibt es für keine der Religionsgruppen. Sämtliche Zahlen basieren auf Schätzungen. In der Regel schaut man auf die Einwohnerzahl eines Landes und die dort übliche Religion – und schon hat man eine ungefähre Größenordnung: In Portugal leben zehn Millionen Katholiken und in Griechenland zehn Millionen Orthodoxe. In Deutschland gibt es zwar ein staatliches Register, in dem die Religionszugehörigkeit erfasst wird. Aber ich kenne eine Menge Menschen, die Mitglied einer christlichen Kirche sind, obwohl sie mit Gott nichts am Hut haben. Und andere, die sich als gläubige Christen verstehen, obwohl sie längst aus der Kirche ausgetreten sind.

Im Islam gibt es nirgends eine zentrale Meldestelle. Weder wird man irgendwo Mitglied, noch muss man einen regelmäßigen Vereinsbeitrag entrichten. Alles ist freiwillig und selbstbestimmt – es sei denn, es gibt irgendwelche politische Ideologien, die »im Namen des Islam« willkürlich Gesetze und Gebote aufstellen.

Eine solche autoritäre Gesinnung ist das, was Salafisten und Wahhabiten eint. Wahhabiten sind radikale Muslime, die für sich in Anspruch nehmen, als einzige den Islam richtig zu verstehen und zu leben. Bei ihnen dürfen Frauen nicht Auto fahren. In Saudi-Arabien ist der Wahhabismus quasi Staatsreligion, aber Wahhabiten gibt es auch in Pakistan, Indien und Westafrika – sie selbst nennen sich Salafi oder einfach Sunniten, was die Verständlichkeit für Laien nicht einfacher macht. In Deutschland gibt es nur vereinzelt Wahhabiten – am ehesten als schwerreiche Touristen beim Shopping in der Münchner Innenstadt oder als Luxus-Patienten in deutschen High-Tech-Privatkliniken. Trotzdem beherrschen die – auch die überwiegende Mehrheit der Muslime aller Welt empörenden – Vorschriften und Gewalttaten dieser radikalen Fanatiker die deutschen Medien und damit die Vorstellung vom Islam. Die grausame Propaganda um die Kriegszüge von Taliban, Boko Haram, ISIS und wie sie sich alle nennen, verzerrt das Bild vom eigentlich friedlichen Islam noch stärker. Die radikalen Islamisten bomben sich in unser Bewusstsein, während die Millionen friedlicher Muslime kaum Aufmerksamkeit erfahren.

Salafisten und Wahhabiten, oder wie sich die verschiedenen Richtungen des radikalen politischen Islam nennen, lehnen den Sufismus entschieden ab. So nennt man die mystische Richtung des Islam, die sich um Toleranz und Weltfrieden und vor allem um eine spirituelle Entwicklung des einzelnen Menschen bemüht. Statt Staat zählt hier das Individuum.

Der Sufismus macht seit der Frühzeit einen zentralen Teil der islamischen Kultur aus. Berühmt sind die sufischen Orden mit den tanzenden Derwischen, die sich in ihren langen Mänteln so lange drehen, bis sie in einen Trancezustand fallen. Nur wenige Menschen haben den Sufismus auf diese Weise zu ihrem Lebensinhalt gemacht; sie leben in abgeschiedenen Klöstern oder Orden. Trotzdem hat der Sufi-Islam weltweit viele Menschen inspiriert, auch in der westlichen Welt: Das Spektrum reicht vom spanischen Schriftsteller Miguel Cervantes über den englischen Sänger Cat Stevens, der sich nunmehr Yusuf Islam nennt, bis zur deutschen Fernsehmoderatorin Kristiane Backer.

Viele Muslime in der westlichen Welt – und dazu zähle ich mich auch – folgen einem sufischen Islam, auch wenn wir ihn nur in einer sehr gemäßigten Form leben. Die meiste Zeit des Tages sind wir ohnehin mit Alltagsaufgaben befasst und haben keine Zeit, uns intensiv mit Religion zu beschäftigen. Nur beim Gebet, im Fastenmonat Ramadan oder bei der Pilgerfahrt nach Mekka zeigen wir unsere Art des Glaubens. Das zentrale Thema ist die innere Sphäre, die achtsame Entwicklung unserer Seele.

Dieser Islam wird von den Salafisten und Islamisten leider völlig übertönt. Vor allem im Echo der Massenmedien hallt der Lärm der Krawallmacher, nicht das stille Gebet der frommen Gläubigen wider.

Staat versus Religion, Erdoğan versus Gülen

Der Sufi-Islam steht in schärfstem Widerspruch zur islamistischen Parole der Einheit von Staat und Religion. Nach Auffassung der Sufis kann nur der einzelne Gläubige Gottes Gebote befolgen, ein Staat kann nicht religiös sein. Deswegen müssen Staat und Religion getrennt sein. Das Prinzip des Islam ist dem Wesen nach das Individuum betonend. Religiöser Gehorsam ist nicht staatlich sanktionierbar, ohne den Sinn der Religion zu untergraben.

Dies ist auch der wesentliche Unterschied zwischen Fethullah Gülen und Recep Tayyip Erdoğan. Verkürzt behaupten leider viele Medien, beiden ginge es um eine Islamisierung der Türkei. Richtig ist: Erdoğan stand im Wahlkampf mit Koran auf der Bühne. Seine Sprache ist nicht nur nationalistisch, sondern oftmals auch von religiösen Phrasen durchsetzt. Er spricht dem politischen Gegner den Glauben ab und erklärt Ungläubige zu politischen Gegnern und politische Gegner zu Ungläubigen. Einmal sagte Erdoğan, dass er sich sogar als Priester verkleiden würde, wenn es seiner Sache dienen würde. Erdoğan strebt einen autoritären Präsidialstaat an: »Demokratie ist nur der Zug, auf den wir aufsteigen, bis wir am Ziel sind«, hat er 1998 einmal in einem Interview gesagt, als er noch Bürgermeister von Istanbul war. In seiner Traum-Türkei hat der Präsident das alleinige Sagen und der Islam ist als Staatsreligion verankert, natürlich eben jener Islam, den Erdoğan bevorzugt – nicht der moderne, zivile Sufi-Islam, sondern ein konservativer, strenger, autoritärer Staats-Islam.

Fethullah Gülen dagegen tritt sehr deutlich für Demokratie, Vielfalt und Individualität ein – und damit auch für Religionsfreiheit. Gülen ist fromm, aber nicht autoritär. In seinen jungen Jahren war er patriotisch und liebte die türkische Kultur, mit zunehmendem Alter und in den vielen Jahren in den USA hat er einen internationalen Blick auf die Welt entwickelt. Ebenso hat er sein früher patriarchalisch geprägtes Frauenbild durch ein modernes Verständnis von der Gleichstellung von Mann und Frau ersetzt. Am meisten unterscheidet ihn von Erdoğan aber der strikte Anspruch, Staat und Religion zu trennen – und zwar nicht nur als Möglichkeit, sondern als notwendige Bedingung. Sonst verkommt die Religion zu einer bloßen politischen Ideologie und wird als Propagandamittel von der Politik instrumentalisiert – wie das im Moment der sogenannte Islamische Staat demonstriert. Glauben kann man nicht erzwingen. Glauben braucht Freiheit. Staats-Islam ist ein Widerspruch in sich.

Was alle Menschen in der Hizmet-Bewegung verbindet, ist die Vorstellung vom Islam als einer Religion, die die Menschenrechte und die individuellen Werte schützt. Dafür sind Bildung und Dialog die Schlüssel.

Bildung hilft Menschen, differenziert und bewusst zu handeln. Und es braucht Dialog, damit Menschen sich begegnen und Vorurteile abbauen. Genau dafür wollen wir als Muslime Verantwortung übernehmen.

Es gibt ihn nicht, den einen Islam. Sunniten denken in manchen Punkten anders als Schiiten; schriftgläubige Muslime handeln anders als liberale; manche Muslime leben streng puritanisch, andere sind lebensfroh; viele suchen einen spirituellen Weg zu Gott, manche intensiv, manche nur ab und zu; einige sehen in der Politik eine zentrale Aufgabe ihres Glaubens, andere lehnen Politik im Namen des Islams strikt ab.

Man stelle sich einen Raum mit hundert Muslimen vor, repräsentativ zusammengestellt. Dann gibt es darin eine große Zahl Gläubige, die leise jeder für sich zu Gott beten, ein paar wenige, die nach einem autoritären religiösen Führer rufen, und einer, der lauthals brüllend um sich schlägt. Wer bekommt die größte Aufmerksamkeit? Wer bestimmt das Bild dieser Gruppe?

Kurz: Es ist kompliziert. Doch solche Vielfalt kennen wir aus allen Weltreligionen. Nicht jeder Christ ist gegenüber dem Papst so loyal wie die Jesuiten. Nicht jeder Christ hält das Zweite Vatikanische Konzil von 1965, in dem Papst Johannes XXIII. die moderne, plurale Welt mit Menschenrechten bejahte, für einen Sündenfall oder einen Verrat am Glauben, wie es die Piusbrüder tun. Nicht jeder Christ ist für die Todesstrafe wie amerikanische Evangelikale, die sich dabei auf die Bibel berufen: »Wer Menschenblut vergießt, durch den Menschen soll sein Blut vergossen werden« (1. Mose 9,6).

Die Welt des Islam ist genauso bunt wie die Welt der Christenheit. Und sie entwickelt und verändert sich. Jeden Tag.

Religion ohne Dogma: Jeder ist sein eigener Lehrer

Manche Imame missbrauchen ihre herausgehobene Rolle in der Moschee dazu, ihre persönliche – ob ausgereifte oder nicht ausgereifte – Idee des Islam zu verkünden. Anders als im Christentum gibt es im Islam keinen Papst und keinen Vatikan, der solche Äußerungen loben oder korrigieren kann. Niemand wird exkommuniziert, nicht einmal, wenn er Unsinn erzählt. Im Gegenteil: Es gibt politisch interessierte Kreise, die Imame dazu auffordern, bestimmte Meinungen und Interpretationen zu verbreiten. Je ungebildeter die Menschen sind, desto leichter lassen sie sich beeinflussen. Es braucht Wissen, um sich eine eigene Meinung zu bilden. Und es braucht noch mehr Bildung, um die eigene Meinung zu hinterfragen.

Ich kenne viele Christen, die sagen, das sei in ihrer Religion genauso: Jeder Gläubige muss für sich entscheiden, ob und in welcher Weise er den Interpretationen des Papstes und dem biblischen Wort folgt. Es gibt innerhalb der Christengemeinde sehr unterschiedliche Auffassungen zu allem Möglichen. Trotzdem hat der Papst eine gewisse Autorität – und bei aller Meinungsvielfalt spielt es dann doch eine Rolle, ob der Papst jemanden exkommuniziert oder nicht. Im Islam gibt es keine Exkommunikation, selbst wenn jemand ganz offensichtlich Dinge sagt, die sich mit dem Koran nicht vereinen lassen – etwa indem er zu Gewalt aufruft oder zum Töten auffordert.

Im Islam gibt es keine Institution, die dafür zuständig ist. Das kann man bedauern, aber man kann es auch gutheißen. Denn diese fehlende Instanz führt uns vor Augen, dass jeder Mensch am Ende vor sich selbst, vor seinem eigenen Gewissen und vor Gott verantwortlich ist. Es liegt an mir selbst, welche Schlüsse ich ziehe oder welchem Gelehrten ich folge.

Es wird einen Gelehrten geben, der sagt, dass die islamische Pflicht, sich zu bilden, wichtiger ist als die islamische Pflicht, ein Kopftuch zu tragen. Dann lege ich das Kopftuch ab und gehe studieren. Aber es wird auch einen anderen geben, der das Gegenteil sagt. Folge ich ihm, dann handele ich eben anders. Ich entscheide, wem ich folge. Es gibt auch Männer, die das für ihre Ehefrauen oder Töchter entscheiden. Das ist dann keine Erleichterung, das ist Zwang.

Der Islam, den ich in meiner Familie kennenlernte, war ein zwangloser traditioneller Islam. Meine Eltern hatten den Islam quasi in die Wiege gelegt bekommen. Einen Islam, den man praktiziert, weil man das nun mal tut. Religiöse Werte spielten in unserer Familie stets eine große Rolle, Feiertage, Feste, Gebete, Rituale. Aber es wurde nicht laut über den tieferen Sinn dahinter nachgedacht.

Auch in der Koranschule lernte ich einen solchen Islam kennen; kein bewusster, reflektierter Islam, sondern etwas, das man traditionell lebt. Natürlich lernten wir in der Koranschule viel über das Leben des Propheten. Wir lernten, wie man betet, was passiert, wenn ein Mensch stirbt, wie man die letzte Waschung vornimmt und andere rituelle Praktiken. Anders als bei den Christen, wo der Unterricht abschließend in das Ritual der Kommunion bzw. Konfirmation mündet und bei den traditionellen Medressen, gibt es in den Koranschulen in Deutschland kein Abschlussritual, keine feste Struktur oder verbindliches Curriculum. Solange jemand kommt, ist es von Nutzen. Irgendwann merkt man, es ist genug. Dann ist es genug. Nach etwa zwei Jahren fanden unsere Eltern genau wie wir Jugendlichen, dass es reicht. Wir konnten den Koran lesen und kannten die Grundlagen des muslimischen Katechismus. Das sollte genügen. Von da an gingen wir nur noch zu den Freitagsgebeten in die Moschee. Aber es gibt auch einen Islam, der reflektiert, hinterfragt und den Sinn sucht. Den lernte ich erst später kennen.

Islam in Deutschland: Zwischen Glauben und Skepsis

2005 jubelte die Bild-Zeitung »Wir sind Papst!«. Der Satz wurde zum geflügelten Wort und wäre sogar beinahe zum Wort des Jahres 2005 gewählt worden – wäre nicht die »Bundeskanzlerin« dazwischengekommen und hätte den Slogan noch vor Tsunami, Heuschrecken und Gammelfleisch auf den zweiten Platz verwiesen. Doch der Satz entsprang wie der Jubel »Wir sind Weltmeister« eher einem euphorischen Patriotismus als irgendeiner Religiosität.

»Wir sind religiös!« – »Gott ist mit uns!« – »Hurra, wir beten!« – Das alles sind undenkbare Schlagzeilen in Deutschland. Und wenn jemand derlei in der Öffentlichkeit laut sagt, bereitet das eher Sorge als Freude. In Deutschland wird jede Art von Religiosität angsterfüllt betrachtet. Zwar sah das Wehrdienst-Gesetz unseres deutschen Staates lange Zeit vor, dass sich jemand der allgemein geltenden Wehrpflicht durch Ersatzdienst entziehen konnte, wenn er sich an das religiöse Gebot »Du sollst nicht töten« gebunden fühlte. Aber so richtig fromm wurde hier nur auf dem Papier argumentiert.

Auch auf Management-Kongressen ist oft zu hören, dass das in der Wirtschaftswelt unumstößliche Gesetz der Profitmaximierung doch bitte nur zu befolgen sei, solange man das als ethisch und sozial verantwortlicher Mensch mit seinem Gewissen vereinbaren könne.

Doch ernsthaft religiös wird hier selten argumentiert. Zwar haben wir vordergründig Religionsfreiheit im Grundgesetz verankert, aber wer sich öffentlich zu seinem Glauben bekennt – egal ob christlich, jüdisch, islamisch … –, wird schnell schräg angesehen. Viele gläubige Menschen gehen lieber »eine rauchen« und beten heimlich im Hinterzimmer, als sich den fragenden Blicken von Kollegen und Bekannten auszusetzen. Sagt ein Muslim oder gar eine Muslima, dass er oder sie an Gott glaube, regelmäßig bete und sich an die religiösen Gebote halte, dann obsiegt die Skepsis: »Man« weiß ja nicht, wie »die da« wirklich ticken.

Genau deswegen versuchen wir unermüdlich mit Dialogveranstaltungen, Moschee-Führungen und Einladungen zu islamischen Festtagen allen Menschen zu zeigen, wie friedlich und freundlich wir sind. Leider ist die vorurteilsbehaftete Skepsis manchmal größer als das eigene Erleben: Dann heißt es, wir tun nur so als ob. Ich engagiere mich nun schon über zehn Jahre in Hizmet. Ab dem wievielten Jahr ist es denn glaubwürdig, was ich tue?

Gläubige Christen haben weniger Vorbehalte uns gegenüber. Sie erleben selbst das verbreitete grundsätzliche Befremden gegenüber Religiosität in Deutschland. Trotzdem stimmen sie oft in das laute Lästern über »die Katholen« oder »die Kirche« mit ein. Es ist es leichter, den eigenen Glauben zu leugnen, als sich in komplizierte Diskussionen über unbeweisbare Dinge zu verwickeln. Denn bekanntlich fängt der Glaube genau dort an, wo die Aufklärung aufhört. Die Allmacht Gottes, seine Güte und auch die Kraft der Schöpfung kann man nur spüren, aber nicht in wissenschaftlichen Maßstäben messen. In einer aufgeklärten Moderne ist deswegen Glauben scheinbar absurd. Aber wir wissen, dass selbst die Pioniere der modernen Wissenschaften wie etwa Isaac Newton zutiefst gläubige Menschen waren – vielleicht gerade weil sie die Erfahrung machten, dass es eben sehr viel mehr Unerklärliches als Erklärliches gibt. Wenn man lange genug nachdenkt und reflektiert, bekommt die Existenz Gottes eine immer größer werdende Wahrscheinlichkeit. Anders gesagt: Bildung macht fromm.

Islam in der Türkei: Kopftuchverbot und Religionsbehörde

Die Bildungsarbeit von Hizmet in Deutschland hat ihre Wurzeln in der Türkei. Hier hat Fethullah Gülen schon in den 1970er-Jahren die Menschen dazu aufgerufen, sich selbst für das Wissen der Welt zu öffnen, die Kinder in die Schule zu schicken und die Erkenntnisse der Wissenschaften studieren zu lassen. In einer ländlich strukturierten Türkei, in der nur eine wirtschaftliche und militärische Elite auf teuren Privatschulen gebildet wurde und die ländliche Bevölkerung in armseligen Dorfschulen höchstens die Grundlagen des Lesen und Schreibens vermittelt bekam, war derlei Gedankengut revolutionär.

Man muss dazu wissen, dass die Türkei zwar seit 1923 offiziell eine demokratische Republik war, dass aber – nicht zuletzt aufgrund des armseligen Bildungsniveaus – die Beteiligung der Bevölkerung eher bescheiden ausfiel. Der Staat wurde jahrzehntelang vom Republikgründer Kemal Atatürk mit – vorsichtig formuliert – strenger Hand geführt. Bestimmte Menschenrechte waren ausgeschlossen, etwa das Recht darauf, die eigene Muttersprache zu sprechen. Die einzige Sprache, die erlaubt war, war Türkisch. Das ist in einer Republik, die aus einem Vielvölkerstaat, dem Osmanischen Reich, hervorgegangen ist, eine ziemliche Zumutung. Auch innerhalb der sehr viel kleineren Landesgrenzen gab es Kurden, Armenier, Griechen und Bulgaren, es gab Juden, Jesiden, Aleviten, Drusen, Sunniten und Schiiten. Es gab eine große Vielfalt an ethnischen, religiösen und sozialen Gruppierungen. Das alles wurde zu einer türkischen Gemeinschaft zwangsvereint.

Die Kemalisten wollten – nach der Niederlage des Ersten Weltkrieges gegen die westlichen Kolonialmächte – die Türkei zu einem stolzen Nationalstaat westlicher Prägung machen. Dazu gehörten ihrer Vorstellung nach ein einheitliches Nationalgefühl und eben auch eine nationale Sprache. Im Zuge dieser Vereinheitlichung wurde das lateinische Alphabet eingeführt, bislang übliche arabische Schriftzeichen verschwanden aus dem öffentlichen Bild.

Teil der kemalistischen Überzeugung war auch eine strikte Trennung von Staat und Religion. Religiöse Würdenträger sollten sich keinesfalls in staatliche Belange einmischen, religiöse Parteien standen unter strenger Beobachtung des Militärs und wurden häufig verboten (eine CDU würde es demnach kaum geben). Das Volk konnte nicht selbst entscheiden, woran es glaubt, sondern der Staat übernahm die Aufgabe in paternalistischer Manier, dem »naiven« Volk vorzuschreiben, wie seine Religion auszusehen hat.

Sämtliche religiösen Belange wurden von einer staatlichen Religionsbehörde geregelt: Bis heute bezahlt das sogenannte Präsidium für religiöse Angelegenheiten *Diyanet* die Imame und unterhält die Moscheen, übrigens nicht nur in der Türkei, sondern auch in vielen anderen Ländern, so auch in Deutschland, der Schweiz und bis vor Kurzem auch in Österreich. Dieser staatlich verordnete Islam sollte verhindern, dass die Menschen bitte nicht »zu fromm« werden und nur das glauben, was der Staat erlaubt. »Der Imam ist in der Moschee« lautete die gängige Formel, um der Religion ihre Grenzen aufzuzeigen.

Religiosität hatte im öffentlichen Straßenbild nichts verloren. Im Café oder an Universitäten sollte gefälligst nicht über Gott geredet werden. Diese staatliche Einflussnahme gibt es auch heute noch: So gibt es seit 2013 keine Freitagspredigten mehr zum Thema »Korruption«. Sicher kein Zufall.

Solche strikten Verordnungen haben viele Menschen faktisch als Religionsverbot erlebt. Denn wer seine Religion vor allem als kulturelle Tradition lebte, verband damit fast ausschließlich symbolische Handlungen und Rituale. Das Tragen der traditionellen Kopfbedeckung der Männer oder des Kopftuchs der Frauen war nun in öffentlichen Einrichtungen nicht mehr erlaubt. Statt des islamischen Kalenders galt plötzlich der gregorianische. Feiertage wurden abgeschafft. In den Großstädten – in Ankara, das im Zuge all dieser Veränderungen zur Hauptstadt gekürt wurde, in Istanbul und in Izmir – fand diese Form der Republik viele Anhänger; auch das Militär zeigte sich kooperativ, ließ sich allerdings zahlreiche Privilegien zusichern. In den ländlichen Provinzen jedoch blieb die in kleinen Dorfgemeinschaften lebende Bevölkerung ihren alten Gewohnheiten treu. Mit dem unglücklichen Effekt, dass viele Eltern ihren Kindern verboten, eine staatliche Schule zu besuchen, weil sie dort nach traditionellem Ermessen nicht sittlich bekleidet sein durften. Stattdessen gab es islamische Schulen, die nach dem Willen der Regierung keine anerkannte allgemeine Schulbildung, sondern lediglich religiöses Wissen vermitteln durften.

Über die Jahrzehnte spaltete sich das Land in sogenannte weiße und sogenannte schwarze Türken, eine hoch gebildete, militärisch geschulte und wirtschaftlich privilegierte Oberschicht in den Städten und eine religiös geprägte, arme, sich selbst versorgende Landbevölkerung ohne jede Macht. Kam allen strikt laizistischen Geboten zum Trotz dennoch ein Politiker an die Macht, der sich für Glaubensfragen offen zeigte, dann griff umgehend das Militär ein, setzte den Präsidenten ab und verordnete Neuwahlen. Eine Partei, die sich für ethnische Minderheiten oder religiöse Freiheiten einsetzte, wurde ohnehin sofort verboten. Wer nicht von türkischem Nationalstolz getränkt war, galt als Staatsfeind und war des Terrorismus verdächtig. Das ist im Grunde noch heute so. Fast hundert Jahre nach der Gründung der Republik wird der religions-kritische Kemal Atatürk wie ein Heiliger verehrt.

Bis in die 1990er-Jahre konnte man in der Türkei zu einer Gefängnisstrafe verurteilt werden, weil man sich religiös geäußert hatte. Der heutige Präsident Erdoğan beispielsweise wurde 1998 vom Staatssicherheitsgericht in Diyarbakir wegen »Aufstachelung zur Feindschaft« zu zehn Monaten Gefängnis verurteilt. Was hatte er verbrochen? Er hatte bei einer öffentlichen politischen Veranstaltung vor rund 500 Menschen ein Gedicht aufgesagt. Es stammte von dem bekannten türkischen Schriftsteller Ziya Gökalp, einem der führenden Köpfe bei der Gründung der türkischen Republik. Er war ein glühender Verfechter und sogar Vordenker der nationalistischen Ideologie Kemal Atatürks – mit einer winzigen Abweichung: Er wollte, dass die Elemente des Islam, die er als integralen Teil der türkischen Kultur betrachtete, als geistige Kraft erhalten bleiben. Das Gedicht, das Erdoğan vortrug, enthält neben viel Nationalpathos deswegen auch den nicht weniger pathetischen Satz: »Die Minarette sind unsere Bajonette, die Kuppeln unsere Helme, die Moscheen unsere Kasernen und die Gläubigen unsere Soldaten.«

Wer solche Zeilen Ende der 1990er-Jahre in der Türkei laut äußerte, ging dafür ins Gefängnis. Erdoğan wurde außerdem ein lebenslanges Politikverbot erteilt. Dass er heute trotzdem oberstes Staatshaupt ist und zwar faktisch schon seit 2002, liegt daran, dass Erdoğan sehr geschickt Machtpolitik betrieb.

Dabei hat er tatsächlich den Anschein erweckt, als seien die Ideen Fethullah Gülens und die Ideale der Hizmet-Bewegung mit den politischen Vorstellungen und Ansprüchen seiner Partei vereinbar. Viele *Menschen in Hizmet* traten offen für die AKP ein, wählten Erdoğan und ließen sich für seine Interessen vor den politischen Karren spannen.

Auf diese Weise entstand zeitweilig der Eindruck, dass ausgerechnet Gülen als Verbündeter Erdoğans aufgetreten sei. Doch was sollte den pazifistischen Sufi-Muslim, der sich zeitlebens für Bildung und Dialog engagierte, ausgerechnet mit einem islamistisch-autoritären Machtpolitiker verbinden, der sich vor allem durch polemische Rhetorik auszeichnet, der leidenschaftlich gern provoziert und polarisiert und der zunehmend mit Gewalt gegen Minderheiten vorgeht?

Wer das Leben Fethullah Gülens, die Entwicklung von Hizmet und die jüngste Geschichte der Türkei kennt, wird schnell verstehen, warum Erdoğan die Hizmet-Bewegung inzwischen mit brutaler Radikalität verfolgt. Denn Hizmet ist aufgrund der großen Überzeugungskraft der friedlich Engagierten, aufgrund des völkerverständigenden Engagements und des unermüdlichen Einsatzes für Demokratie und Menschenrechte tatsächlich eine Gefahr – nicht für Demokratie und Menschen, sondern für ein autokratisches Präsidialsystem, wie Erdoğan es sich erträumt!

6.

Sufi-Prediger Gülen als Bildungsmodernisierer

Gülen: Vom Dorfschüler zum Religionsbeamten

Geboren wurde Fethullah Gülen 1941 in einem Dorf im Kreis Pasinler nahe Erzurum, weit hinten im äußersten Nordosten Anatoliens, an der Grenze zu Iran und Armenien gelegen. So konservativ die Gegend, so konservativ war auch seine Familie. Sein Vater, Ramiz Efendi, war Imam in Diensten der Regierung. Zusammen mit vier Brüdern und zwei Schwestern wuchs Fethullah in der relativ abgeschotteten Atmosphäre von Derwischorden, Gebetshäusern und Medressen (religiösen Schulen) auf.

Er muss ein auffallend wissbegieriges Kind gewesen sein, doch in der rückständigen Gegend mangelte es an schulischen Möglichkeiten und so besuchte er in der Tradition seines Vaters die Imam-Schule und durfte sich schon in jungen Jahren als Prediger üben: Als er zum ersten Mal das Wort an die Gemeinde richtete, war er nach eigenen Worten »nicht groß genug, um über die Kanzel zu schauen.« Als Erwachsener sollte es vor allem seine hohe Kunst der Rede sein, die überzeugte. Viele

Menschen in den ländlichen Regionen der Türkei kannten ihn –
in Zeiten lange vor Fernsehen und Internet – nur aufgrund seiner
leidenschaftlichen Vorträge, die, sobald es dafür die technischen
Möglichkeiten gab, über Lautsprecher in die Straßen rund um
die überfüllte Moschee übertragen, auf Musikkassetten aufge-
zeichnet und mühsam kopiert wurden.

Wie es die staatliche Ordnung vorsah, absolvierte Gülen als
18-Jähriger die offizielle Prüfung des Amts für Religionsangele-
genheiten und trat 1959 seinen ersten Posten im Staatsdienst als
Imam, Prediger und Lehrer an. Dreißig Jahre lang erledigte er
als Staatsdiener die Pflichten eines Geistlichen, den Dienst eines
Predigers, die Leitung von Korankursen sowie Verwaltungsarbeit
in unterschiedlichen Städten – Edirne, Kırklareli, Izmir, Edremit,
Manisa und Çanakkale. So unspektakulär und bescheiden seine
Lebensweise, so aufregend waren hingegen seine Gedanken.

Das Land rieb sich im Konflikt zwischen reinem Türkentum
und Islam, zwischen kritikloser Anpassung an die westliche
Welt und rückständigem Klammern an überkommene religiöse
Traditionen fast vollständig auf. Das intellektuelle Leben lag
darnieder. Niemand wagte mehr irgendetwas infrage zu stellen.
Die instabile türkische Demokratie drohte permanent zwischen
Ein- und Vielparteiensystem, zwischen politischen, ethischen
und sozialen Kämpfen, in dauerhafter Wirtschaftskrise und
permanenter Armut auseinanderzubrechen.

Gülen fühlte sich den Traditionen, den althergebrachten
Werten verbunden. Aber er war kein Traditionalist. Er beweg-
te sich zwischen den traditionellen kulturellen Werten eines
Imam und der modernen westlichen Zivilisation eines Ange-
stellten des kemalistischen Staats. Was derart unversöhnlich
schien, musste er in seiner Biografie vereinen – und fand den
Brückenschlag zwischen den zwei völlig verschiedenen Denk-

richtungen in einer spirituellen Denkweise. Religiöse Werte und wissenschaftliche Tatsachen schließen sich gegenseitig nicht aus, so fand er heraus, sondern lassen sich in schöner Harmonie vereinen, wenn man sie im Dienst an der Menschheit betrachtet und anwendet.

Ist der Mensch tugendhaft, so wird er in allen Belangen tugendhaft sein – in Staat und Stadt ebenso wie in der Wirtschaft. Das, was der Mensch glaubt und was er betet, das soll sich auch in seinem Tun spiegeln. Religion ist damit keine intellektuelle Frage, sondern der Ausgangspunkt konkreten sozialen Handelns. Religiöse und soziale Aktivitäten gehen ineinander über. Statt religiöse Identität und weltliche Erfahrung künstlich aufzuspalten, fordert er seine Gemeinde auf, den eigenen Glauben niemals losgelöst von den gesellschaftlichen Aspekten des Menschen zu betrachten.

Im Zentrum seiner religiösen, philosophischen und intellektuellen Überlegungen stand stets der Mensch selbst. Und etwa ab den 1970er-Jahren konzentrierte er sich auf die Erkenntnis, dass die zentrale Aufgabe der Türkei, der islamischen Welt und vielleicht der gesamten Menschheit nur eins sei: Bildung und Erziehung des Menschen.

Als frisch gebackener Leiter einer Koranschule etablierte er deswegen einen neuen Lehransatz, der das Modell für alle weiteren von ihm inspirierten Schulen werden sollte, und der inzwischen weltweit Verbreitung gefunden hat: Statt klassischer religiöser Erziehung stellte er die modernen Schulfächer in den Mittelpunkt der Lehre. Die Kinder sollten Mathematik, Physik, Chemie und moderne Sprachen lernen. Doch dabei sollte es nicht um stupides Anhäufen von Wissen gehen, sondern außerdem die kritische Reflexion des Gelernten angeregt werden. Hierbei kam nun die Tradition des *Sohbets*, der islamischen

Gesprächskultur, zum Tragen. Indem er mit anderen Menschen das Gespräch suchte, ihnen Fragen stellte und sie zum eigenständigen Denken motivierte, würde er ihnen den Zugang zu spirituellen Erfahrungen ebnen.

Gülen macht keinen Hehl aus seiner religiösen Identität. Er hat seinen Lebenssinn in einer tiefen religiösen Erfahrung gefunden, der er sich von Jugend an in völligem Vertrauen zu sich selbst hingab. Aus seinem entschlossenen Bekenntnis zur Derwisch-Tradition führte er ein höchst bedachtes Leben. Seine tiefe Überzeugung war: Jedes Wort und jede Tat unterliegt der Kontrolle Gottes. Und wenn es ihm gelänge, in der jahrelangen Ausübung spiritueller Praktiken, verbunden mit strenger Disziplin und Übung, in Demut anderen ein Vorbild zu sein, dann würde er anderen Menschen ganz im Sinne des Islam die religiösen Werte mündlich überliefern.

Bildung als Schlüssel: »Baut Schulen, nicht Moscheen!«

Und es gelang: In einem paternalistischen Staat, in dem die Machthaber mit Waffengewalt sicherstellten, dass die Bürger keine allzu eigenständigen Ideen entwickelten, mahnte Gülen als simpler Provinz-Prediger die Menschen zum Denken und Lernen. Er motivierte sie dazu, Verantwortung für sich und für ihre Mitmenschen zu übernehmen, indem er sie gemäß ihrer religiösen Traditionen aufforderte, sich zu überlegen, was sie am Ende ihres Lebens Gott vortragen wollten: »Ich war faul und konnte nicht anders.« Oder: »Ich war schwach, habe aber mein Bestes gegeben.« So simpel die Frage, so folgenschwer die Antwort.

Der ebenso charismatische wie authentische Prediger begeisterte die angeblich so hinterwäldlerischen Anatolier für Bildung. Die Idee, jenseits der elitären Gymnasien in den Großstädten auch in den Provinzen private Schulen für weniger privilegierte Kinder zu eröffnen, gab es bis dahin nicht. Bislang hatten die gläubigen und wohlhabenden Industriellen aus Kayseri oder Konya aus religiösem Pflichtbewusstsein heraus Moscheen gebaut. Schließlich zählen Großzügigkeit und Spendenbereitschaft zu den fünf Geboten des Islam. Doch ausgerechnet der tiefgläubige Prediger Gülen vermittelte ihnen eine andere Art von Frömmigkeit mit seiner gewinnenden und emotional begeisternden Rhetorik. Seine Botschaft: »Baut Schulen, nicht Moscheen!« Denn der Dienst an der Wissenschaft sei ein Dienst an der Gemeinschaft und somit ein Dienst an Gott.

Auf diese Weise gelang, woran die kemalistischen Machthaber jahrzehntelang gescheitert waren: ein Schulsystem aufzubauen, das nicht per se Kinder aus armen und frommen Familien ausschloss.

Über Jahrzehnte hatte es nämlich gewissermaßen ein Zwei-Klassen-Bildungssystem gegeben: Auf der einen Seite gab es seit der Republikgründung ein staatliches Schulsystem, auf das Atatürk vermeintlich großen Wert legte. Vor allem auf die Lehrinhalte. Bis dahin hatte es hauptsächlich »Medressen« gegeben, religiöse islamisch geprägte Schulen, in denen vor allem das Lesen des Korans (auf Arabisch) und traditionelle Riten gelehrt wurden: Unter Atatürk gab es 1928 eine »Reinigung des Türkischen«, ursprünglich persische oder arabische Wörter wurden durch türkische ersetzt, anstelle der arabischen Schrift die lateinische eingeführt und ein neues Schulwesen geschaffen, dass genauso zur Alphabetisierung wie zur nationalen Bildung des türkischen Volkes beitragen sollte. So weit die Theorie.

In der Praxis gab es in dem weit gestreckten Land bis 1960 gerade einmal 17 100 staatliche Grundschulen. Die durchschnittliche Analphabetenrate stagnierte bei 60 Prozent, nur einer von drei Türken konnte lesen und schreiben. Vor allem im schwach besiedelten Osten konnte von einem funktionierenden Schulsystem keine Rede sein. Im stärker entwickelten Westen gab es zwar höhere Schulen. Auch wurden über die Jahrzehnte nach europäischem Vorbild in den Großstädten Universitäten, Fachhochschulen und Akademien aufgebaut. Doch davon profitierten fast ausschließlich die sogenannten weißen Türken. Mit diesem Schlagwort wird seit Anfang der 1990er-Jahre zwischen den städtischen säkularisierten Türken und den ländlichen religiösen Minderheiten, den »schwarzen Türken« unterschieden. Bei all den Konfliktlinien, die sich in der Türkei ziehen lassen, ist diese zwischen Schwarz und Weiß vermutlich die wichtigste. Progressiv, urban, auf Europa ausgerichtet und vor allem in einer wachsenden Wirtschaft zu Geld gekommen die einen, die »Weißen«; konservativ, ländlich, tief vom Islam geprägt und vor allem in der Armut Anatoliens steckengeblieben die anderen, die »Schwarzen«.

Die Zöglinge der weißen Türken besuchten Top-Privatschulen, die die türkische Elite ausbildeten, landesweit vielleicht ein gutes Dutzend Schulen. Oder sie gingen auf französische, englische oder amerikanische Schulen. So blieb über Generationen die kemalistische Elite in Istanbul, Ankara oder Izmir unter sich.

Die schwarzen Türken dagegen schickten ihre Kinder auf die staatlichen Schulen, die sich nicht nur im Niveau, sondern auch in der Klassenstärke unterschieden. Fünfzig bis siebzig Schüler pro Klasse waren in den Provinzen der Normalfall, weswegen die eine Hälfte morgens, die andere abends unterrichtet wurde – von schlecht bezahltem und oftmals auch nur überstürzt ausgebildetem Lehrpersonal. Aufgrund des dringenden Lehrerbedarfs hatte die Regierung ein Programm aufgelegt, das binnen einen Jahres aus einem Abiturienten einen Lehrer machte. An den staatlichen Schulen herrschte eine strenge Kleiderordnung, mit Schuluniform und dem schon erwähnten Kopftuchverbot, aufgrund dessen viele religiöse Eltern ihren Töchtern den Besuch einer weiterführenden Schule untersagten.

Parallel zum staatlichen Schulsystem gab es noch ein zweites, weiterführendes, das religiös fundiert war: die sogenannten İmam-Hatip-Schulen (*İmam hatip lisesi*). Das waren spezielle Berufsfachschulen für Imame und Prediger, die ja in der Türkei dem Amt für religiöse Angelegenheiten unterstellt und dadurch Staatsbeamte waren – im Gegensatz zur ländlichen Armut eine halbwegs sichere Karriere. Nach bestandener Aufnahmeprüfung gab es zudem die Chance, ein Studium an einer Hochschule aufzunehmen. Insofern erfreuten sich diese Schulen sehr bald relativ großer Beliebtheit, wenngleich die religiösen Lehrinhalte so gar nicht den universitären Ansprüchen genügten. 1996/97 kam mehr als eine halbe Million Absolventen von den İmam-Hatip-Schulen, die vom kemalistischen Militär argwöhnisch beäugt wurden: Hier würden religiöse Kader herangezüchtet, war die unverblümt geäußerte Sorge.

Gülen predigte die Versöhnung zwischen Bildung und Glauben, zwischen Islam und Moderne – und ermöglichte so den für die Türkei damals revolutionären Gedanken, dass es öffentliche Schulen geben könnte, in denen Religion erlaubt, aber nicht gelehrt wurde. Schulen, die weltliche Fächer wie Physik, Mathe und Chemie unterrichteten, aber den Glauben an Gott, Heilige und Engel nicht verlachten oder gar verboten. Und was man denken kann, das kann man auch tun!

Plötzlich gab es Privatschulen mit erstklassigen Lehrern, aber für »schwarze Türken«. Schulen nicht mit religiösem Lehrplan, aber von frommen Muslimen gegründet, so dass auch religiöse Eltern ihre Töchter dort unbesorgt hinschickten. Das funktioniert übrigens auch heute noch in Afghanistan und in Pakistan, wo Hizmet-Schulen oft einziger Bildungsort für Mädchen sind.

Gülen entpuppte sich als brillanter Fundraiser. Große, mittlere und kleine Unternehmer übernahmen nicht nur den Erstaufbau der Privatschulen, sondern schufen darüber hinaus ein funktionierendes Stipendienwerk. Kam nicht genug Geld für eine Schule zusammen, gründete man wenigstens Nachhilfeinstitute und Ferienschulen, auf denen die Absolventen der staatlich nicht anerkannten İmam-Hatip-Schulen in Intensivkursen auf die anspruchsvollen Prüfungen der staatlichen Hochschulen vorbereitet wurden. Und damit die Studenten aus ärmeren Familien sich das Leben in den teuren Universitätsstädten leisten konnten, wurden von wohlhabenderen Muslimen obendrein Wohnheime subventioniert.

Selbst für das bislang bildungshemmende Kopftuchverbot an Universitäten fand der Prediger Gülen versöhnliche Worte: Das religiöse Gebot sich zu bilden sei mindestens genau so wichtig wie das religiöse Gebot Kopftuch zu tragen, erklärte er. Daher solle jede Frau selber entscheiden. Er ermutigte Unternehmer, die selbst Töchter hatten, Wohnheime zu gründen, in denen »Ablas«, große Schwestern, wie Ersatzmütter für die jungen Mädchen sorgten und zugleich sicherstellten, dass sie, ohne an Leib und Seele Schaden zu nehmen, die Universität besuchen konnten. Hizmet ermöglichte damit einer Vielzahl von religiös erzogenen Mädchen eine akademische Bildung, obwohl das Kopftuch verboten war – und zwar noch bis sage und schreibe 2011!

In einer Gesellschaft, in der die meisten Mädchen nicht von einem Dorf ins andere fahren durften, weckte Gülen die Gedankenfreiheit, auch Frauen könnten erst eine Schule im Dorf, dann eine weiterführende Schule in der Großstadt besuchen, sie könnten einen Universitätsabschluss in Istanbul, Ankara oder sogar in den USA machen, um schließlich einen Beruf irgendwo in der Welt auszuüben. Das war ein unfassbarer Emanzipationserfolg für Tausende von Frauen!

Auf diese Weise entstanden durch Privatinitiative im Laufe weniger Jahre im ganzen Land schulische Leuchtturmprojekte, die sich im nationalen Wettbewerb bald überaus erfolgreich zeigten. Anfang der 1990er-Jahre feierten die aus der Hizmet-Bewegung entsprungenen neuen Grund- und Oberschulen erste öffentlich sichtbare Triumphe in wissenschaftlichen »Schul-Olympiaden«, wie sie in der Türkei und in vielen Ländern rund um den Globus üblich sind. Dadurch stellten sie eindeutig unter Beweis, dass die vermeintlich religiös (und ergo weltfremd) erzogenen Schüler in Wahrheit über eine solide Wissensbasis verfügten und im Unterricht wissenschaftliche Fakten auf hohem Niveau vermittelt wurden.

Besonders augenscheinlich wurde die Stärke der Hizmet-geprägten Gymnasien beim in der Türkei üblichen Zentral-Abitur: Alle Abiturienten schreiben am selben Tag zum selben Thema dieselben Prüfungen und bekommen dann eine entsprechende Punktzahl. Das sind riesige Events, schließlich entscheidet sich an diesen einem Tag die weitere Karriere des gesamten Jahrgangs.

Man weiß nämlich auf diese Weise ganz genau, und zwar namentlich, wer die beste Zugangsprüfung abgelegt hat. Ausgehend von der Punktzahl, werden dann zentral die Studienplätze vergeben. Die besten Absolventen bekommen die besten Stu-

dienplätze an den besten Universitäten. Je nachdem wie viele
Punkte man hat, studiert man in Diyarbakir Landwirtschaft oder
in Istanbul Jura. Das ist ein unglaublicher Druck auf Prüflinge,
den ich nur bedingt gutheiße. Doch den von Gülen inspirierten
Schulgründungen sollte ausgerechnet dieses auf extremem
Wettbewerb basierende System nützen: Denn binnen kürzester
Zeit wurden die Nachhilfevereine aus der Hizmet-Bewegung
sichtbar, weil sie die wenigen elitären Privatschulen der weißen
Türken an der Spitze ablösten. Der Erfolg löste eine ungeheure Bildungswelle aus, die bald das gesamte Bildungssystem
verändern sollte.

Die Folgen nach über zwanzig Jahren erfolgreicher Bildungsarbeit sind nicht überraschend: Wenn man die besten
Schulen hat, hat man die besten Anwälte, die besten Ärzte, die
besten Ingenieure usw. Was bislang den Upperclass-Sprösslin-
gen vorbehalten war – Stipendien in den USA, in Frankreich
oder Australien, Studienplätze in Yale, in Cambridge oder am
MIT –, stand nun plötzlich den Kindern der anatolischen Landbevölkerung offen, also ausgerechnet jenen schwarzen Türken,
auf die die weißen Türken so lange hochnäsig heruntergeblickt
hatten. Plötzlich gab es in irgendwelchen abgelegenen Dörfern
Schulen, die besser und moderner waren als die in den kemalistischen Metropolen.

Um die Jahrtausendwende war bereits mehr als eine von
Hizmet geprägte Generation ins Establishment der türkischen
Wirtschaft und Gesellschaft aufgerückt. Natürlich führte das
zu Konflikten. Die kemalistischen Eliten sahen Hizmet schon
lange als Konkurrenz. Aber es gab auch ein islamistisches
Establishment rund um Millî Görüş, das sich mit großem
propagandistischen Aufwand gegen die bildungsbürgerliche
Graswurzelbewegung stellte. Millî Görüş ist eine islamistische

Bewegung rund um den Gründer Necmettin Erbakan, übrigens der Lehrer von Erdoğan und Vertreter eines politischen Islam.

So wird den *Menschen in Hizmet* gleichermaßen vorgeworfen, sich als Diener der gottlosen Westmächte zu verdingen wie auch eine islamistische Untergrundbewegung zu sein, die nach der Machtübernahme in der türkischen Republik strebe!

Dialog mit Minderheiten: Für Frieden und Toleranz

Wir sind die Guten; die da die Bösen. Dieses simple Weltbild ist Türken vieler Generationen bestens vertraut. In der Türkei gibt es bis heute erbitterte Feindschaften zwischen unterschiedlichsten sozialen Gruppen. Jeder ist mit jedem entzweit. Alle Menschen, die durch Andersartigkeit auffallen, erfahren Diskriminierungen in der Türkei, jahrzehntelang sogar gesetzlich verordnet: Christen, Juden, Armenier und ganz besonders Kurden und Aleviten.

Fethullah Gülen hat diese traditionellen Jeder-gegen-jeden-Konflikte, die sich, von staatlicher Seite propagandistisch geschürt, schon fast ins Selbstverständnis der Türken einbrannten, mit größter Sorge betrachtet. Mahnende Worte allein schienen nichts mehr zu bewirken. Was konnte er tun? Er tat, was er schon immer gut konnte: Er ging mit gutem Beispiel voran. Er ging auf vermeintliche Feinde, auf angebliche Gegner im Glauben, Fühlen und Handeln zu und begrüßte sie als Brüder. Als am 12. März 1995 im Istanbuler Stadtteil Gazi 15 Aleviten durch die Polizei getötet wurden, kritisierte Gülen das Vorgehen der Polizei und veröffentlichte eine Solidaritätsadresse, wie sie später im Social-Media-Netzwerk nach dem Mordanschlag auf die Charlie-Hebdo-Redaktion in Paris populär wurde. Er sagte, auch er sei Alevit, genauso wie seine Mutter und sein Vater – quasi ein frühes »Je suis Alevite«.

1998 schickte Gülen eine Gruß-Botschaft an die für Aleviten höchstbedeutsame Ahl-al-Bayt-Versammlung türkischer und kurdischer Aleviten und betonte darin die Notwendigkeit eines Dialogs. Damit war er der erste sunnitische Gelehrte, der nach Jahrzehnten wechselseitiger Schuldzuweisungen und Vorurteile dem vermeintlichen Feind die Hand entgegenstreckte und versuchte, das Gespräch aufzunehmen.

Auch gegenüber den griechisch-orthodoxen Christen gab es in der Türkei eine lang tradierte Abneigung. Da gab es zuerst die folgenschwere Kirchenspaltung im 11. Jahrhundert, als sich der Papst in Rom und der Patriarch in Byzanz in die lateinische und die griechische Kirche aufteilten und wechselseitig exkommunizierten. Und mit der Eroberung Konstantinopels durch Mehmed II. im 15. Jahrhundert lebte die orthodoxe Kirche in einer Art Zwangsgemeinschaft mit der muslimischen Welt. Man war sich in wechselseitiger Abneigung tief verbunden.

Kurz nach dem Befreiungskrieg 1922 wurden die Griechen nach Griechenland zwangsdeportiert – Anlass für kriegerische Konflikte zwischen Griechenland und der Türkei fast bis in die Gegenwart. Beim Pogrom von Istanbul 1955 wurde nahezu die gesamte verbliebene orthodoxe Bevölkerung aus der Stadt vertrieben. Zwar gab es in den 1960er-Jahren eine erste Versöhnung zwischen Papst und Patriarch, aber das Verhältnis zum türkischen Staat blieb gespannt.

In dieser Phase tief sitzenden Hasses traf sich 1996 Fethullah Gülen mit dem Ökumenischen Patriarchen Bartholomäus I., wofür dieser sich viele Jahre später in einer Videobotschaft öffentlich bedankte: »Ich möchte sagen, dass wir uns, ich und unser sehr geehrter Hoca, sehr lieben. Ich bin mir sicher, dass,

von den heute hier anwesenden, keiner eifersüchtig ist. Herr
Fethullah Gülen ist wahrhaftig für uns alle der Inbegriff von
Friede, Toleranz, allen höheren Idealen sowie der gesamten
Menschheit geltenden Werten.«

Im selben Jahr eröffnete Gülen ebenso demonstrativ den
Dialog mit den Armeniern, die in der Türkei seit den Zeiten der
Jungtürken und jenen Ereignissen jahrzehntelanger Bedrängnis
und Diskriminierung ausgesetzt waren. Christliche Armenier
störten die Vorstellung eines türkischen Staates, der sich auf
das *ius sanguis*, also das Recht des Blutes, berief. Wie Juden,
Kurden, Aleviten, Jesiden und auch gläubige Muslime wurden
die Armenier und die anderen Christen zu Feinden erklärt und
waren jahrzehntelang Menschen zweiter Klasse.

1996 traf sich Fethullah Gülen mit dem armenischen Patriarchen Mesrob Mutafyan, dem Oberhaupt der in der Türkei
verbliebenen Minderheit von etwa 60 000 armenischen Christen.
In den folgenden Jahren gab es immer wieder öffentliche Begegnungen, bei denen sie sich offenherzig umarmten. Am Tag nach
dem großen Erdbeben in der Region Izmit am Marmara-Meer im
August 1999 besuchten sie gemeinsam Familien der Erdbeben-
opfer und sprachen ihnen ihr Beileid aus. Zum ersten Mal nach
knapp hundert Jahren Feindseligkeit setzte sich ein Türke für
die armenischen Christen ein und sendete damit eine Botschaft
der Freundschaft und der Nächstenliebe in die gesamte Türkei.

1998 wurde Gülen von Papst Johannes Paul II. bei einer
Audienz empfangen und traf sich – was symbolisch wohl noch
schwerer wog – im selben Jahr auch mit Eliyahu Bakshi-Do-
ron, dem Oberrabbiner der sephardischen Juden Israels. Viele
weitere Treffen, Gespräche und Projekte mit Vertretern der
Minderheiten in der Türkei folgten. Die Botschaft war immer
dieselbe: Liebe und Akzeptanz.

Doch ein muslimischer Prediger, der zu Dialog, Toleranz und friedlichem Zusammenleben zum Wohle aller aufruft, der sich für die Rechte von Minderheiten einsetzt und sich mit Bildungsprojekten für die einfachen Bürger engagiert, passt nicht ins Weltbild traditioneller Türken: Für türkische Nationalisten ist Gülen ein Geheimagent des Westens, der die Türkei dem Westen unterordnen will. Für kurdische Nationalisten und Anhänger der Terrororganisation PKK ist er jemand, der die Assimilation der Kurden will. Für radikale Islamisten ist Gülen eine Person, die mit den Ungläubigen an einem Tisch sitzt. Für Islam-Gegner ist er hingegen ein fanatischer Muslim. Und die Kemalisten betreiben ein Doppelspiel: In der Türkei stellen sie Hizmet an die Seite des Vatikans, der USA und Israels, also westlicher »imperialistischer Mächte«, und bedienen damit ultranationalistische und turanistische Vorbehalte. Im westlichen Ausland ordnen sie Hizmet dagegen der Seite von Scharia-Anhängern und Islamisten zu und bedienen damit antimuslimische Ressentiments. Weniger als Anerkennung und Respekt also erntet Fethullah Gülen hier für sein Engagement Spott, Verachtung und Hass. Die immense Stärke, mit der Gülen – allen Anfeindungen zum Trotz – sich immer wieder in den Dienst seines Glaubens und seiner Überzeugungen stellt, ermutigt bis heute viele Menschen, sich in der Hizmet-Bewegung in gleicher Weise zu engagieren.

Die Geschichte der türkischen Republik ist voller Konflikte: Christen, Juden, Orthodoxe und andere religiöse Minderheiten wurden dauerhaft als Menschen zweiter Klasse behandelt, doch nicht etwa durch gläubige Muslime, sondern in erster Linie durch die Politik der türkischen Regierung. Besessen von der Idee einer homogenen Gesellschaft bekämpfte die säkulare Regierung alles, was in irgendeiner Weise von ihrem türkischen Ideal abwich. Die Konflikte unter den verschiedenen sozialen, religiösen oder ethnischen Gruppen entsprangen deswegen nicht unbedingt einer tatsächlichen Abneigung, sondern waren simple Macht- und Verteilungskämpfe. Die aggressive Sicherheitspolitik des Staates machte dann aus jedem noch so harmlosen und eigentlich leicht zu lösenden Streit einen Großkonflikt. Das führte zur weiteren Eskalation. Auf Gewalt wurde mit Gewalt reagiert. Mit Religion hatte das nichts zu tun.

Der mystische Prediger Gülen zeigte sich davon vollkommen unbeeindruckt. Seine Botschaft blieb Frieden, Frieden und noch mal Frieden: »Völlig unabhängig davon, in welchem Umfeld man sich befindet, sollte jeder Mensch bestrebt sein, einen globalen Frieden und ein friedliches Zusammenleben zu erreichen. Der Segen liegt im Frieden und der Frieden ist stets gesegnet.«

Diese Worte, Erklärungen und symbolischen Handlungen des islamischen Gelehrten zeigten immense Wirkung. Sie inspirierten Millionen Muslime in der Türkei dazu, sich in der Hizmet-Bewegung zu engagieren. Auf diese Weise trug Gülen wesentlich zu einer politischen Öffnung gegenüber Minderheiten bei: Denn die Menschen, die sich von seinen Worten und Predigten berühren ließen, veränderten nicht nur ihre eigene Einstellung, sondern versuchten wiederum selbst, in ihrem Umfeld ein Vorbild an Toleranz und Dialogfähigkeit zu sein.

Der Kurdenkonflikt: Gülen als Menschenfreund

Wiederholt empörte sich Fethullah Gülen, der sich immer wieder aufseiten der Schwachen und Verfolgten stellt, auch über die unmenschliche Behandlung der Kurden durch den türkischen Staat. Seine Handlungsideen waren so simpel wie überzeugend:

1. Menschen, denen das hiesige Volk großen Wert beimisst, sollten mit Respekt behandelt werden. Man sollte größeren Wert auf den Austausch mit Meinungsführern, Gelehrten und Würdenträgern vor Ort legen.
2. Terror könne nicht durch das Militär, sondern nur durch Bildung beendet werden. Falls der Staat hierzu nicht in der Lage sei, wären NGOs und Stiftungen gefordert, die Bildung an diese Orte zu tragen.
3. Regionen mit großem kurdischem Bevölkerungsanteil müssten für Investoren und Arbeitgeber attraktiv gemacht werden; vor allem das Studieren müsse an Reiz gewinnen.
4. Die Rechte und Freiheiten der Menschen seien keine Geschenke oder Gaben der Regierungen an ihre Bürger, sondern würden jedem Menschen von Geburt an von Gott gegeben. »Als Menschen und Geschöpfe Gottes sind alle Menschen gleich. Das gilt sogar für die Propheten. Ohne diese Gleichheit als Voraussetzung anzuerkennen, kann keine Gerechtigkeit herrschen.«

Das bis 2011 geltende Verbot der kurdischen Sprache hatte Gülen ebenfalls immer sehr eindeutig kritisiert: »Jedes Volk hat seine eigene Muttersprache. Das Erlernen und Lehren der eigenen Sprache ist ein universelles Menschenrecht. Natürlich darf einer Bevölkerung das Erlernen der Muttersprache nicht verboten werden. Das ist grausam, unmenschlich und eine Auflehnung gegen die Natur des Menschen.«

Seine Forderung, man dürfe den Kurden nicht das Menschenrecht auf eine eigene Muttersprache versagen, wurde von den vielen Menschen in der Hizmet-Bewegung geteilt. Deswegen wurde das von Ministerpräsident Erdoğan im Sommer 2013 angestoßene Reformpaket, die kurdische Sprache als Amtssprache, kurdische Ortsnamen, kurdische Schriftzeichen und kurdische Fernsehsender und Zeitungen zu erlauben, auch von uns *Menschen in Hizmet* freudig aufgenommen.

Während staatliche Schulen in der Türkei weiterhin lediglich Unterricht auf Türkisch anboten, konnten die privat geführten Schulen der Hizmet-Bewegung nun einen kurdischsprachigen Unterricht anbieten. Das Hizmet-Netzwerk schloss damit eine Lücke des staatlichen Bildungssystems und ermöglichte durch Stipendien auch den Kindern weniger vermögender Familien den Besuch eines Gymnasiums.

Entschieden verurteilt Gülen, der bekanntlich jede Form von Gewalt ablehnt, jedoch die Anschläge, Morde und Gewalttaten der PKK. Nichts rechtfertige den Tod eines unschuldigen Menschen und ganz sicher nicht die Religion des Islam. Ein Muslim könne kein Terrorist und ein Terrorist könne kein Muslim sein.

Gerade in den kurdischen Regionen ermunterte Gülen seine muslimischen Zuhörer, Schulen zu gründen und sich für Bildung zu engagieren. So entstand beispielsweise das Gymnasium Yağmur in Şırnak, einer Stadt nahe der syrisch-irakischen Grenze mit mehrheitlich kurdischer Bevölkerung. Modernes Wissen und reflektiertes Denken seien das beste Bollwerk gegen Extremismus und Gewalt. Mit einer solchen Überzeugung machte Gülen sich natürlich bei den PKK-Kämpfern keine Freunde. Da er aber ein bekennender und sehr fromm lebender Muslim ist, genießt er gerade bei der frommen kurdischen Landbevölkerung große Anerkennung. Erst recht, weil er sich stets für gute Schulen und damit für den wirtschaftlichen Aufschwung der Region einsetzte. Der erste kurdische Privatsender

der Türkei, *Dünya TV*, entstand als Teil der *Samanyolu* Gruppe, die der Hizmet-Bewegung nahesteht. Die Redaktion setzte sich in ihrer Berichterstattung stark für die Versöhnung zwischen Kurden und Türken ein. Seit dem Putsch sind diese Schulen und Medienhäuser doppelt von den »Säuberungen« der türkischen Machtelite betroffen – als Kurden und als »Gülen-Anhänger«. *Dünya TV* wurde am 26. Juli 2016 geschlossen. Die Schule auch.

Den PKK-Kämpfern, die aus der kurdischen Landbevölkerung ihren Nachwuchs rekrutierten, musste deshalb die Hizmet-Bewegung, aber vor allem ihr Spiritus Rector Fethullah Gülen ein Dorn im Auge sein. Anders als die kemalistischen Türken konnte man Gülen nicht als Ungläubigen diffamieren. Es brauchte andere Argumente. Und die fanden sich: Die Tatsache, dass Gülen das Völkerrecht und damit die Landesgrenzen der Türkei nicht in Frage stellte, ließ sich in populistisch aufbereiteter Art und Weise leicht als Feindseligkeit gegen ein freies Kurdistan darstellen. In der PKK-Kurzformel: Gülen ist ein Feind der Kurden.

Für diese steile These gibt es – außer der in Kapitel 2 beschriebenen und verkürzt verfälschten Gülen-Predigt – keinen Beleg. Aber das hindert PKK-Sympathisanten und Gülen-Gegner nicht, diese Behauptung unermüdlich zu wiederholen. Irgendetwas wird schon hängen bleiben. Und das tut es leider auch. Es sei denn, die Menschen begegnen Gülen persönlich und können sich selbst ein Bild von dem Religionsgelehrten machen.

Exil in den USA – Wirken in aller Welt

Auch ich wollte den Mann, dessen Bücher ich alle gelesen hatte und dessen Gedanken mich so sehr begeisterten, einmal persönlich gesehen haben, bevor ich mein Leben der Hizmet-Bewegung widmete. Deswegen hatte ich mich an Abdullah Aymaz – heute Aufsichtsratsvorsitzender der Stiftung Dialog und Bildung – gewandt, der Gülen schon seit rund vierzig Jahren kennt und seit vielen Jahren in Offenbach lebt. Der türkische Schriftsteller hat zahlreiche Bücher zu verschiedenen Aspekten des Glaubens geschrieben, sich nebenbei zeitlebens für Dialogarbeit stark gemacht und beispielsweise 2004 das italienisch-türkische Milad-Dialogzentrum in Venedig gestartet.

Vor allem aber war Abdullah Aymaz Mitgründer der Stiftung der Journalisten und Schriftsteller in der Türkei (GYV), die sich seit 1994 der Förderung von Dialog und Toleranz in der türkischen Gesellschaft verschrieben hat. Hier trafen bis zur Schließung 2016 Medienvertreter, Hochschullehrer und Intellektuelle aller politischen und gesellschaftlichen Lager zusammen, um offen und frei über aktuelle gesellschaftliche Themen zu debattieren und ihre Argumente und Erkenntnisse in die Welt zu tragen.

Schon die Gründungssitzung der Stiftung fand ein großes Echo in den türkischen Medien. Dabei gab es zunächst nichts anderes zu berichten als eine Bekundung des guten Willens und ein Bekenntnis zur Verständigung. Doch das war in einem Klima des intellektuellen Schweigens, das unter der latenten Militärherrschaft in der Türkei niemand zu durchbrechen wagte, eben mehr als nur ein Schlagwort. Ein Bekenntnis zur Rede- und Gedankenfreiheit war das geistige Grundkapital der Stiftung, die den kritischen Diskurs nicht scheute und die »Dialogplattform von Abant« immer mehr zur relevanten geistigen Größe entwickelte, zu einer Stimme unabhängiger Denker. Die Stiftung gilt als zivilgesellschaftliches Gegengewicht zu den staatlichen Akteuren und fordert selbstbewusst die in einer Demokratie üblichen Mitspracherechte. Sie versteht sich als ein *Think Tank* der türkischen Gesellschaft, ohne politische Ambitionen und ohne parteipolitisches Taktieren und ist durch die professionelle Vernetzung mit den Medien nicht zu überhören. Fethullah Gülen ist Ehrenvorsitzender der Stiftung. Und es war eben diese Stiftung, welche die Treffen Gülens mit dem Papst, dem griechisch-orthodoxen Patriarchen, dem Patriarchen der armenischen Gemeinde, dem Obersten Rabbiner der jüdischen Gemeinde und mit Journalisten und Intellektuellen unterschiedlichster Richtungen vorbereitete und organisierte.

Ich hatte Glück. Abdullah Aymaz zeigt sich offen für meine Anfrage und so kam ich nicht nur in Kontakt mit Fethullah Gülen, sondern bekam auch einen Besuchstermin. Ich konnte an einem seiner *Sohbets* teilnehmen, die er jeden Vormittag mit etwa einem Dutzend junger Theologen durchführt, kleine Gesprächszirkel in fachkundiger Runde.

Gülen lebt fernab vom Trubel der amerikanischen Großstädte in einem abgelegenen Bildungszentrum. 1993 hatten Unternehmer aus Hizmet gemeinsam die Stiftung »Goldene Generation« gegründet, 175 000 Dollar in ein Waldgrundstück investiert, acht Häuser errichtet und einen Park angelegt. Goldene Generation, auf Türkisch *altın nesil*, so hatte Gülen die Jugend betitelt, die heranwachse, wenn ihre Eltern in Schulen investieren würden: eine gut ausgebildete, gläubige und engagierte Elite, die bestens auf die moderne Welt vorbereitet ist, aktiv an ihr teilhat und transnational denkt. Für diese Idee wollte die Stiftung einen Ort der Begegnung und des Lernens schaffen.

Als Gülen 1999 in die USA kam, wurde von der Militärregierung, die nach dem postmodernen Putsch 1998 die Macht innehatte, gegen ihn Anklage erhoben. Deswegen wurde ihm in dem Bildungszentrum eine dauerhafte Bleibe angeboten. Hier lebt er seither, obgleich er 2005 freigesprochen wurde. Und hier habe ich eine Predigt von ihm gehört. Die Begegnung hat mich überzeugt. Was ich hörte und was ich sah, deckte sich mit dem, was ich über Gülen gelesen hatte: Ein feinfühliger Mensch, der sehr emotional predigt, sagt, was er fühlt, und fühlt, was er sagt. Er lässt sich von den Dingen berühren, über die er spricht. Manchmal zittert seine Stimme, manchmal weint er.

Im sufischen Islam gilt Weinen als Stärke. Wir Menschen sind nicht allmächtig, sondern kleine Ameisen, die versuchen, ihren Weg zu finden und dabei immer wieder scheitern. Wer weint, hat das verstanden.

Es gehört zu meiner tiefsten Überzeugung, dass Gott mich im Jenseits nicht mit Gerechtigkeit, sondern mit Barmherzigkeit beurteilen wird. Der Mensch bewegt sich ständig in einem Balanceakt zwischen Ehrfurcht und Hoffnung: Die Ehrfurcht vor dem allmächtigen Gott verhindert, dass man hochmütig wird. Zugleich braucht man die Hoffnung, dass Gott barmherzig ist, sonst würde man allzu früh resignieren. Denn ich mache so viele Fehler, ich rede schlecht über andere, ich zürne und fluche, ich kann nicht immer liebend sein, auch wenn ich mir das noch so sehr vornehme. An meiner Leistungsbilanz gemessen, bin ich vermutlich der Letzte, der ins Paradies einzieht. Aber weil Gott barmherzig ist, hoffe ich, dass ich trotzdem ins Paradies komme.

Nach jenem Besuch in Pennsylvania 2005 habe ich Gülen einige weitere Male getroffen, vor allem in den letzten Jahren, seit ich als Vorsitzender der Stiftung Dialog und Bildung als Ansprechpartner für die Hizmet-Bewegung in Deutschland aktiv bin. An mich werden viele Fragen zur Geschichte der Bewegung, aber auch zu Gülens Thesen aus früheren Jahren herangetragen. Da ist es hilfreich, dass ich ihn gelegentlich persönlich um eine Auskunft oder eine Erklärung bitten kann. Man darf sich die Treffen nicht am Konferenztisch oder wie einen Herrenabend vor dem Kamin vorstellen. So lebt Gülen nicht. Seine Tage sind minutiös durchgeplant, nicht wie bei einem hektischen Manager, sondern einfach strukturiert und diszipliniert praktiziert: lesen, schreiben und beten. Er predigt eben nicht nur, die verfügbare Zeit gut zu nutzen, sondern er hält sich auch selbst daran.

Wenn ich in Pennsylvania bin, nehme ich am gemeinsamen Gebet teil oder höre mir eine seiner Predigten an. Manchmal ergibt sich daraus ein Gespräch. Bei allen Begegnungen habe ich ihn stets als einen sehr gastfreundlichen und sehr bescheidenen Menschen erlebt, der seine Besucher mit aller Aufmerksamkeit und größter Herzlichkeit empfängt, trotz mittlerweile schwacher Gesundheit und eingeschränkter Bewegungsfreiheit, so dass er stets von einem Arzt begleitet wird.

Gülen ist an allem interessiert, was in der Welt passiert. Er lässt sich von seinen Besuchern gern von ihren Erfahrungen berichten. Er will auch wissen, was in Deutschland los ist, und ermutigt uns deutsche *Menschen in Hizmet*, selbst den Islam-Hassern wie Pegida mit Liebe und Toleranz zu begegnen.

Generation Hizmet: Bildungselite

Gülen lebt inzwischen bald zwei Jahrzehnte in den USA, er ist 75 Jahre alt und hatte nie Ambitionen auf politische Ämter. Weder war er Mitglied in einer Partei noch Teil irgendeines Wahlkampfs. Er hat Bücher geschrieben, Vorträge gehalten und als religiöser Geist gepredigt. Fethullah Gülen führt keine politische Bewegung an. Eher ist er ein philosophischer Publizist wie Gerald Hüther, ein ökonomischer Moralist wie Reinhardt Sprenger oder ein spiritueller Mahner wie Anselm Grün.

»Ich habe es stets als Verrat an unseren eigenen Werten gesehen, ein Amt oder eine Position anzustreben«, sagte Gülen im März 2014 in einem Interview und distanzierte sich von allen, die derlei in seinem Namen tun: »Das kann ich auch für meine Mitstreiter sagen. Nie haben wir öffentliche und politische Ämter wie zum Beispiel Ministerposten gefordert. Ich kann mich nicht an einen solchen Fall erinnern, aber wenn es doch so jemanden gegeben haben sollte, der dies im Namen der Bewegung tat, so hat er nichts mit uns zu tun.«

Der Begriff »Gülen-Anhänger« suggeriert nicht nur die (religiöse) Führerschaft, sondern auch eine Form von Gefolgschaft oder Ergebenheit, die in Bezug auf Gülen geradezu paradox ist. Denn wenn Gülen etwas predigt, dann sind es Individualität und die Rechte des Einzelnen:

»Jedes soziale Problem beginnt beim Individuum und kann langfristig nur beim Individuum gelöst werden. Systemische, institutionelle oder politische Lösungen müssen scheitern, wenn das Individuum vernachlässigt wird. Deswegen rate ich als erstes und am dringendsten zu Bildung!«

Die Hizmet-Bewegung ist gerade keine »Gülen-Bewegung«, wie sie von anderen genannt wird. Sie ist auch kein kleiner versprengter Haufen irregeleiteter religiöser Fanatiker, sondern eine breite zivilgesellschaftliche Bewegung, die in 160 Ländern rund um den Globus aktiv ist. Allein in Deutschland engagieren sich etwa 150 000 Menschen für Hizmet-Initiativen und es werden leider derzeit immer weniger, die den Mut haben, sich offen für Hizmet auszusprechen. Weltweit sind es Millionen Menschen, die von Gülens Schriften und Ideen inspiriert in der Hizmet-Bewegung aktiv sind. Die genaue Zahl weiß man so wenig, wie man die genaue Zahl von Umweltschützern oder Menschenrechtsaktivisten kennt.

Im Umweltschutz engagieren sich *Greenpeace*, *Robin Wood*, der NABU und der BUND genau wie Tausende von kleinen Initiativen rund um den Globus. *Amnesty International* ist nur eine von vielen Menschenrechtsorganisationen weltweit, von der *Acid Survivors Foundation* in Bangladesch über *Human Rights Watch* und die Gesellschaft für bedrohte Völker bis zu der Frauenrechtsorganisation *Terre des Femmes* oder der israelischen Menschenrechtsorganisation *Yesh Din*. Genauso vielfältig und unorganisiert muss man sich die türkische Bildungs- und Dialogbewegung Hizmet vorstellen. Es gibt keine organisatorische Zentrale, keine einheitliche Kontonummer, nicht die eine Telefonnummer und erst recht keinen Chef. So wie Al Gore weltweit ein inspirierender Kopf der Klimaschutz-Bewegung ist, genauso ist Fethullah Gülen ein inspirierender Kopf der Hizmet-Bewegung.

»Die Hizmet-Bewegung ist keine politische Partei. Sie wird es auch niemals sein«, weist Gülen selbst die Unterstellung politischer Ambitionen zurück, die vor allem von türkischer Seite geäußert werden: »Sie steht jeder Partei gleich nah. Nichtsdestoweniger teilen wir unsere Hoffnungen und Ängste der Öffentlichkeit mit. Ich verstehe nicht, wieso sich einige davon gestört fühlen. In etablierten Demokratien können Individuen und Nichtregierungsorganisationen problemlos ihre Ideen und Sorgen öffentlich kundtun.«

Doch gerade die von Gülen immer und immer wiederholten Forderungen nach demokratischen Grundrechten, nach Meinungsfreiheit und religiöser und ethnischer Toleranz führen zur wachsenden Verfolgung von inzwischen Tausenden von Menschen. Und zwar nicht nur in der Türkei! Dort steht mittlerweile etwa die Hälfte der Bevölkerung mehr oder weniger unter Terrorverdacht, weil sie sich kritisch zur Regierungspolitik geäußert hat, das Gespräch mit ethnischen, religiösen oder sozialen Minderheiten sucht oder einfach nur demokratische Rechte einfordert, wie Gewaltenteilung oder Meinungsfreiheit. Und die Verfolgung macht an den türkischen Staatsgrenzen nicht halt. Längst sind Tausende von Deutschen von den diffamierenden Äußerungen und den staatlichen Repressionen der türkischen Machthaber betroffen.

Für mich zum Beispiel hat das scheinbar unbedeutende Einreiseverbot in die Türkei zur Folge, dass ich meiner gesellschaftlichen Arbeit in der Stiftung nicht mehr wie früher nachkommen und keine Verwandten mehr besuchen kann. Natürlich organisieren wir weiterhin Studienreisen zu interkulturellem und interreligiösem Dialog, aber wir fahren nicht mehr in die Türkei, sondern organisieren vermehrt Reisen in andere Ecken dieser Welt, etwa nach Albanien, Bosnien, nach Spanien, nach Südafrika oder nach Tansania. Wir lassen uns in unserem weltweiten Engagement für mehr Bildung nicht beirren. Wenn die politischen Verhältnisse in der Türkei unsere Bildungs- und Aufklärungsarbeit verhindern, dann wenden wir uns eben anderen Ländern zu, in denen wir willkommen sind. Auch das gehört zu den Weisheiten, die ich von Fethullah Gülen gelernt habe: Man darf sich von Rückschlägen nicht entmutigen lassen, sondern muss versuchen, das Beste aus den gegebenen Möglichkeiten zu machen.

Das können nicht alle, die wie ich aufgrund ihres Engagements in der Hizmet-Bewegung nunmehr in der Türkei als »Terroristen« gelten und dort auf eine Stufe mit den Bombenlegern der PKK gestellt sind: In Deutschland ansässige Unternehmer können keine Geschäfte mehr in oder über die

Türkei abwickeln. Lehrer, Wirtschaftsprüfer, Unternehmens-
berater, Ingenieure, Ärzte, Pharmareferenten, Handelsvertreter
und viele andere Berufsgruppen, die bislang für internationale
Unternehmen in der Türkei tätig waren, dürfen nicht mehr ins
Land. Sie verlieren nicht nur ihre Reputation, sondern eventuell
sogar ihren Job. Das ist existenzbedrohend.

Und genau das soll es sein.

Denn es gibt für einen autokratischen Machthaber mit ab-
solutistischem Anspruch nichts Schlimmeres als ein selbst-
ständiges und unabhängiges Bürgertum, das die staatliche
Propaganda argumentativ auseinandernimmt, selbstbewusst
auf seine gesetzlich verankerten Werte pocht und seine Rechte
pragmatisch-effizient durchsetzt. In Deutschland würde man
solche Leute »wertkonservatives Bildungsbürgertum« nennen,
vielleicht sogar »Spießer«. Wir nennen es *Hizmet*, deutsch
»Ehrenamt«, »Engagement« oder »Dienst« – Dienst an der
Gesellschaft, am Mitmenschen, an Gott und an uns selbst. Wir
sind keine Mitglieder einer Organisation, haben keine übergrei-
fende Struktur, wenngleich sich hier und dort regionale Vereine
oder Stiftungen herausgebildet haben. Inzwischen entstehen
auch einzelne Verbände, in denen sich Vereine regional oder
fachlich zusammenschließen.

Hier finden sich »keine Ideologen, sondern Pragmatiker
und wirkliche Idealisten«, erzählt Jochen Thies in seinem
Reportage-Buch *Wir sind Teil dieser Gesellschaft* über die
Hizmet-Einrichtungen in Deutschland und berichtet von »un-
verbesserlichen Optimisten«.

Aus dem bildungsbürgerlich frommen Nachwuchs ist mittlerweile sehr viel mehr als eine lokale anatolische Bildungsinitiative geworden: Inzwischen steht Hizmet für völkerverbin-
dende Aktivitäten rund um den Globus, ist aktiv in 160 Ländern

und das Engagement umfasst neben Bildung auch medizinische Versorgung, Verlagstätigkeit, Frauenförderung, interreligiösen Dialog, Wirtschaftsethik und sehr viel mehr. Aus der kleinen Saat, die Gülen jahrelang in seinen Predigten in den türkischen Provinzen gestreut hatte, ist inzwischen eine breite, unabhängig und dezentral agierende Graswurzelbewegung erwachsen.

Selbst wenn es seinen Feinden gelänge, Fethullah Gülen zum Schweigen zu bringen, sein demokratischer und frommer Geist ist nicht mehr aus der Welt zu bringen. Millionen Menschen ziehen aus den Worten des friedliebenden Gelehrten die Kraft, um sich der autoritären Gesinnung totalitärer Fanatiker entgegenzustellen. Friedlich und standhaft.

7.

Scheindemokratie in der Türkei: Der Putsch und seine Vorgänger

Hoffnungsträger Erdoğan: Demokratie und Minderheitenrechte

Warum verfolgt Erdoğan nach dem gescheiterten Putsch vom Juli 2016 mit einer solchen Unerbittlichkeit den Sufi-Geistlichen Fethullah Gülen und die von ihm inspirierte Hizmet-Bewegung in der Türkei? Um das beantworten zu können, muss man die jüngere türkische Vergangenheit kennen. Man kann die *Menschen in Hizmet* in Deutschland nicht verstehen, wenn man nicht weiß, wie und unter welchen Bedingungen die Bewegung in der Türkei entstanden ist.

Erdoğan kam einst mit dem Versprechen an die Macht, die Vorherrschaft des Militärs zu beenden und die Demokratie zu stärken. Die Entmachtung des Militärs ist ihm gelungen. Darüber sind alle demokratischen Beobachter sehr glücklich. Doch leider ist die türkische Demokratie – mit einer unterentwickelten Zivilgesellschaft – zu schwach, um sich den manipulativen Methoden Erdoğans zu widersetzen. Heute kontrolliert die AKP nicht nur das Parlament, sondern auch die Armee, die

Justiz und die Medien. Seit Atatürk hat es kein Regierungschef gewagt, einen solchen Personenkult um sich zu zelebrieren wie Erdoğan. Das Volk vertraut ihm, weil es seit 2002 einen wirtschaftlichen Aufschwung gegeben hat. Die Türkei hatte sich plötzlich zu einem der wirtschaftlich dynamischsten Länder der Welt und zu einem wichtigen Wirtschaftsstandort für internationale Unternehmen entwickelt. Ein Volk, das noch nie wirkliche Demokratie erlebt hat, vermisst sie erst recht nicht, wenn ein nagelneuer Fernseher im Wohnzimmer und ein Auto vor der Haustür steht. Deswegen errang Erdoğan 2011 bei den Parlamentswahlen sogar die absolute Mehrheit.

Als die AKP 2002 die türkische Wahl mit großer Deutlichkeit gewann, war es Parteichef Erdoğan gelungen, viele Stimmen von *Menschen in Hizmet* auf sich zu ziehen. Die AKP hatte die türkische EU-Bewerbung zur Priorität erklärt. Das bedeutete zwangsläufig Reformen. Tatsächlich begann wie versprochen ein beachtlicher Demokratisierungsprozess. Nicht nur öffnete die AKP die Türen zu einer demokratisch legitimierten Religionsfreiheit, wie wir sie auch in Deutschland kennen und praktizieren, sondern sie startete einen für viele Türken überraschenden Dialogprozess in unterschiedliche Richtungen.

2008 lud der armenische Präsident Sersch Sargsjan seinen türkischen Kollegen Gül, einem engen Vertrauten Erdoğans, nach Eriwan zu einem Fußballspiel der beiden Nationalmannschaften ein. Das galt seinerzeit als Sensation. Die Fußballdiplomatie setzte sich mit einem Gegenbesuch Sargsjans in der Türkei fort. Es gab Hoffnung, dass so lange nach den Massakern im Osmanischen Reich doch Dialog möglich sei. Auch die Grenzen zwischen der Türkei und dem Südkaukasusstaat sollten sich wieder öffnen.

Aus heutiger Sicht wissen wir, dass Erdoğans Dialogbereitschaft nicht weit reichte und dass er sich schon 2010 den Bemühungen vieler anderer Nationen entgegenstellte, indem er den etwa 100 000 in der Türkei lebenden Armeniern mit Ausweisung drohte. 2015 goss er noch Öl ins Feuer, als er eine Gedenkfeier zur Schlacht von Gallipoli im Ersten Weltkrieg zwei Tage zu früh ansetzte, ausgerechnet auf den Tag der armenischen Gedenkfeier zum 100. Jahrestag von »Aghet«, wie die Armenier die Katastrophe nennen.

Auch das »Kurdenproblem« ging Erdoğan an. Der Begriff war bis dahin tabu gewesen – schließlich gab man damit indirekt zu, dass eine kurdische Bevölkerungsgruppe überhaupt existierte. 2005 benutzte Erdoğan nicht nur öffentlich diesen Terminus, sondern räumte sogar Fehler des Staates im Umgang mit der Minderheit ein. Dabei gestand er sogar zu, dass beides möglich ist, die türkische Staatsbürgerschaft als eine Art »Über-Identität« zu haben, unter deren Dach sich »Unter-Identitäten« wie etwa die der Kurden frei entfalten könnten. Derlei wurde traditionell vom kemalistisch geprägten Militär strikt abgelehnt. Doch im Windschatten der neuen Dialogoffensive sprach sogar der türkische Generalstabschef Ilker Başbuğ in einer viel beachteten Rede statt vom »türkischen Volk« vom »Volk der Türkei« – damit war eine ethnische Vielfalt unter türkischer Flagge denkbar.

Der Kurden-Konflikt fand seinen Anfang darin, dass 1923 in Lausanne die Siegermächte des Ersten Weltkrieges (England, Frankreich, Italien, Japan, Griechenland, Rumänien und Jugoslawien) sowie die gerade neu gegründete Türkei bei der Auflösung des Osmanischen Reiches die mehr als tausend Jahre alte Region, in der Kurden lebten, das sogenannte Kurdistan, aufteilten: Die heute insgesamt etwa 20 bis 25 Millionen

Kurden, überwiegend sunnitische Muslime, leben seither in der Ost-Türkei, im Nordwesten des Iran, im Norden des Irak sowie im Nordosten Syriens. Der größte Teil und damit mehr als die Hälfte der Kurden gehörte fortan zur neuen türkischen Republik. Hier führte Kemal Atatürk ein strenges nationalistisches »Kulturprogramm« durch, das jede andere Sprache und Kultur als die türkische verbot – also auch die kurdische. Das kurdische Volk wurde so auch seiner Kultur beraubt.

Bis heute ist diese Verletzung von Menschenrechten nicht aufgearbeitet oder gar versöhnt. Es gibt auch Kurden, die zur Waffe greifen oder durch Sprengstoffanschläge versuchen, ihrem Ziel eines eigenen Staates Kurdistan näher zu kommen. Die sogenannte »Arbeiterpartei Kurdistans« (kurdisch: *Partiya Karkerên Kurdistanê*, kurz PKK) gilt nicht nur in der Türkei, sondern auch in Deutschland zu Recht als Terrororganisation. Darin unterscheiden sie sich nicht von anderen separatistischen Untergrundbewegungen, etwa der ETA, die für ein unabhängiges Baskenland, oder der IRA, die für ein unabhängiges Irland kämpften.

Die Kurden sprechen im Norden Kurmancî und im Süden Sorani, zwei indogermanische, mit dem Persischen verwandte Dialekte, wobei der öffentliche Gebrauch der kurdischen Sprache und die Aufführung kurdischer Lieder in der Türkei jahrzehntelang verboten waren. Die etwa 15 Millionen türkischen Kurden fühlten sich missachtet und unterdrückt – nicht nur kulturell, sondern auch wirtschaftlich: Im Kurdengebiet gibt es schlechtere Straßen, weniger Flughäfen und weniger Bildungseinrichtungen als sonst in der Türkei.

Seit Regierungsantritt der AKP lockerten sich viele der Verbote. Stärkster Ausdruck dieser Anerkennung ist der neu geschaffene Fernsehkanal »TRT 6«, ein staatlicher Sender in kurdischer Sprache. Ministerpräsident Erdoğan sprach beim Sendestart sogar einen Satz auf Kurdisch. Der Reformprozess schien ernst gemeint: Die kurdische Sprache durfte an die Schulen, Universitäten, auf Ortsschilder und in die Lokalverwaltungen zurückkehren. Auch wirtschaftlich sollte es in der armen Region aufwärts gehen, Erdoğan versprach Investitionen in dreistelliger Millionenhöhe.

Leider verkehrte sich in den letzten Jahren diese Dialogbereitschaft ins Gegenteil: Als die kurdisch-sozialdemokratische Partei HDP 2015 bei den Parlamentswahlen erstmals die Zehn-Prozent-Hürde nahm, war damit die Zwei-Drittel-Mehrheit im Parlament für die AKP bis auf Weiteres unerreichbar. Die aber bräuchte Erdoğan, um per Verfassungsänderung dem Präsidenten, also sich selbst, mehr Macht zuzugestehen. Insofern suchte er nach einem Vorwand, um die HDP zu kriminalisieren, schürte die allzu verbreiteten Ressentiments gegen die Terrorambitionen *aller* Kurden und ließ 2016 mithilfe traditionell-kemalistischer Abgeordneter die Immunität aller HDP-Abgeordneten aufheben. Kurz darauf kam es zu Verhaftungen von HDP-Abgeordneten.

Nach dem gescheiterten Putschversuch geht die türkische Machtelite hinter Erdoğan nun gegen alle Kritiker mit größter Brutalität vor – egal ob kurdische Politiker, demokratisch gesinnte Muslime oder kritische Journalisten. Der Südosten der Türkei ist seither wieder ein Schlachtfeld, auf dem fast täglich Häuser zerstört, Dörfer unbewohnbar und Menschen verletzt und getötet werden.

Im Schatten des Kampfes der internationalen Staatengemeinschaft geht Erdoğan gegen die Terrormilizen des so genannten Islamischen Staats in Syrien vor, in Wahrheit aber militärisch gegen kurdische Widersacher. Türkische Kampfflugzeuge flogen 2016 zehnmal mehr Einsätze gegen angebliche Stellungen der PKK als gegen jene des IS – und trafen dabei vor allem die kurdische Zivilbevölkerung. Bilder aus den kurdischen Millionenstädten Diyarbakir und Cizre zeigen zerbombte Straßenzüge. Vorgeblich um Terroristen zu bekämpfen, führt die türkische Regierung in Wahrheit einen Krieg gegen die eigene Bevölkerung.

Noch 2011, als ich für die Evangelische Akademie zu Berlin eine Studienreise durch Süd-Ost-Anatolien organisierte, war unsere Reisegruppe sehr beeindruckt von den positiven Entwicklungen und der Aufbruchsstimmung in Gaziantep, Adiyaman, Sanliurfa, Mardin und Diyarbakir. Wir besuchten den bereits erwähnten Hizmet-nahen ersten kurdischen Privatsender der Türkei: *Dünya TV*. Der Chefredakteur zeigte sich stolz, dass es neben Nachrichten, Kultur und Sport im journalistisch anspruchsvollen Programm auch eine Sendung »Kurdisch für Anfänger« gäbe. In Mardin und Sanliurfa verwies man auf mehr als drei Millionen Touristen und wollte diese Zahl in den nächsten Jahren verdoppeln.

Wir besuchten zahlreiche Kirchen und das Deyrulzaferan-Kloster. Wir führten Gespräche mit kirchlichen Würdenträgern in Mardin und Adiyaman-Kharput. Es gab unerwartet eindrucksvolle Momente, etwa als mitten in einer Wohnsiedlung plötzlich Kirchenglocken läuteten. Der örtliche Metropolit berichtete uns, dass ihnen das seit Jahren möglich sei. Unsere Bilanz: »Natürlich ist die Situation der Minderheiten noch nicht befriedigend. Aber es tut sich eine Menge in der Türkei.«

Aus heutiger Sicht klingen solche Sätze wie Märchen aus 1001 Nacht. Es scheint unvorstellbar, dass man Erdoğan für einen Friedensbringer halten konnte. Doch wir *Menschen in Hizmet*, denen uns diese Fehleinschätzung heute von vielen Seiten vorgeworfen wird, waren fürwahr nicht die einzigen, die auf einen demokratischen Reformprozess durch die AKP setzten. Die prominentesten türkischen Intellektuellen waren dabei Orhan Pamuk, Ahmet Altan und Elif Şafak, die sich heute alle drei sehr kritisch über Erdoğan äußern. Ahmet Altan wurde im September 2016 deswegen zusammen mit seinem Bruder Mehmet auf unbestimmte Zeit verhaftet.

Bei ihrem Türkeibesuch 2004 verkündete etwa Kanzlerin Merkel nach einem Treffen mit der AKP-Spitze in Ankara, dass sie den Dialog zwischen der CDU und der AKP auf der Ebene der Generalsekretäre fortsetzen wolle. Als 2006 die türkische Schriftstellerin Elif Shafak, die wegen »Beleidigung des Türkentums« vor Gericht stand, freigesprochen wurde und Ministerpräsident Erdoğan eine Gesetzesänderung für mehr Meinungsfreiheit ankündigte, wertete der *Spiegel* das als positives Zeichen. Die *Welt* verglich 2007 Erdoğan mit Helmut Schmidt. Erdoğan müsse zeigen, wie der Staat auf Terroranschläge entschlossen und zugleich gelassen reagieren könne. »Nach Jahrzehnten des Stillstands« bescherte »ausgerechnet eine moderat islamisch orientierte Partei, Erdoğans AKP, der Türkei den entschlossensten und konsequentesten Modernisierungsschub seit sehr langer Zeit«. Auch der *Stern* meldete 2008: »International gilt Erdoğans Partei trotz ihrer Wurzeln im politischen Islam als mit Abstand stärkste Reformkraft der Türkei und als Partner für einen Kurs Richtung EU.«

Im Juni 2007 erklärte Mesrob II., das religiöse Oberhaupt der Armenier in der Türkei, in einem *Spiegel*-Interview: »Wir Armenier ziehen die AKP der Opposition der Republikanischen Volkspartei (CHP) vor. Die AKP ist im Umgang mit Minderheiten gradliniger und weniger nationalistisch. Die Regierung Erdoğan hat ein offenes Ohr für uns – bei den nächsten Wahlen wählen wir die AKP.«

Und die *NZZ* begrüßte 2008 die Türkei »als Vermittlerin im Nahen Osten«: Die Annäherung an muslimische und arabische Länder bedeute keineswegs eine Abwendung der Türkei von Europa und den Vereinigten Staaten, »für die AKP und Erdoğan ist die Europapolitik ein zentraler Pfeiler. Daran wird nicht gerüttelt, auch wenn die im Oktober 2005 aufgenommenen EU-Beitritts-Gespräche nur mühsam vorankommen.«

Kurz: Das erste Jahrzehnt des neuen Jahrtausends begann für die türkische Republik vielversprechend. Die europäische Öffentlichkeit applaudierte.

Das Vermächtnis Atatürks: Gelenkte Demokratie

Erdoğan verdankt seinen Aufstieg nicht zuletzt dem Scheitern seines politischen Ziehvaters Necmettin Erbakan und einem Putsch. Seit Gründung der Republik 1928 gab es vier Militär-Putsche: 1960, 1971 und 1980 sowie 1997. Der vierte und letzte war offiziell kein Putsch, sondern eine »Maßnahme zur Bekämpfung der islamischen Reaktion« und verlief ohne Einsatz von Waffengewalt. Dieser sogenannte »postmoderne Putsch« war der folgenschwerste für die heutige politische Entwicklung der Türkei.

Die Putschisten waren in allen vier Fällen ausnahmslos Militärs, die sich als Kemalisten verstanden und die quasi als »Korrekturrevolutionäre« handelten, um das Vermächtnis Atatürks zu retten, das ihrer Ansicht nach in den Interessenkonflikten zerstrittener Gruppierungen unterzugehen drohte.

Der türkische Republikgründer Mustafa Kemal Pascha, genannt Atatürk, Vater der Türken, wird in der Türkei kultartig verehrt. Bis heute steht jede herabwürdigende Äußerung über ihn unter Strafe. Dabei könnte man über Kemal Atatürk eine Menge Kritisches sagen, etwa dass die Türkische Republik schon zu seiner Gründung keine ganz lupenreine Demokratie war, sondern ein Einparteienstaat mit autoritären Zügen.

Der nach ihm benannte »Kemalismus« pocht nicht nur auf einen strengen türkischen Nationalismus, sondern auch auf die strikte Trennung von Religion und Staat, den sogenannten Laizismus. Letzteres ermöglichte Atatürk, den gefährlichsten Widersacher, den Kalifen, das religiöse Oberhaupt aller Muslime, zu entmachten.

Kemal Atatürk ist auch eine Modernisierung des Frauenbildes zu verdanken, wenngleich die Art, wie er für die Emanzipation der Frauen sorgte, eher eine Zwangsmaßnahme als eine Befreiung darstellte. Sie sollten eine höhere Schulbildung und sogar eine Universitätsausbildung erlangen können. Das klingt aus heutiger Sicht sehr modern – die dörflich strukturierte und religiös geprägte Bevölkerung der jungen Republik war überfordert. Das Recht auf Schulbildung etwa blieb eher theoretischer Natur, schon allein, weil es nicht genügend Schulen und Lehrer gab, um die weit verstreut lebende Bevölkerung zu unterrichten. Noch in den 1960er-Jahren waren fast zwei Drittel der Türken Analphabeten, darunter sehr viele Frauen, denen ihre Familien wie erwähnt den Besuch einer staatlichen Schule untersagten.

Demokratie und Menschenrechte standen ansonsten nicht sehr weit oben auf der Rangliste an Tugenden. Atatürk verordnete seinem Volk die lateinische Schrift und die türkische Sprache als alleinige Kommunikationsform. Kurden, Armenier, Aramäer und andere Minderheiten wurden zwangsassimiliert.

Atatürk verstand sich als oberster Lehrer der Nation, und erklärte dem – nach der Niederlage im Ersten Weltkrieg – im

Selbstbewusstsein arg gebeutelten Volk, dass die Türken nicht nur das herausragendste, sondern auch das älteste Volk der Welt seien, von dem alle anderen abstammten. Glücklicherweise trieb ihn das außenpolitisch nicht zur Expansion, insofern behielt die Türkei ein gutes Verhältnis zu den Nachbarstaaten. Obgleich auch eine andere Botschaft den Türken propagandistisch verinnerlicht wurde: Wir sind umgeben von Feinden. Im Westen lauert der alte Erbfeind Griechenland, im Norden drohen die Kommunisten, im Osten die Islamisten und im Süden … – da ist Israel.

Als Kemal Atatürk 1938 starb, hinterließ er ein politisches System, das extrem stark auf einen *lider*, einen Anführer, angelegt war: autoritär, hierarchisch, zentralistisch – und ein großzügig mit Privilegien ausgestattetes Militär, das die Aufgabe hatte, die Republik zu sichern. Vereinfacht formuliert: Das Militär sollte paternalistisch dafür sorgen, dass das angeblich unerfahrene Volk keine vermeintlich falsche Entscheidung fällte. Eine Zehn-Prozent-Hürde sollte ohnehin schon sicherstellen, dass nur die »richtigen« Parteien ins Parlament kommen konnten. »Falsch« war im Prinzip jede Art von Minderheit, vorwiegend die Kurden, aber auch fromme Muslime. Die Bürger wurden zur Einheit erzogen, und bis in jüngste Zeit gab es obligatorische Fahnenappelle, die den Bürgern ihre türkische Nationalität einbläuten. Das kemalistische Morgengebet »*Ne mutlu Türküm diyene!*« (Glücklich jener, der sich Türke nennen kann!) sollte auf ihre Einheit einschwören. Aus den Trümmern des Osmanischen Vielvölkerreichs war eine stolze Nation erwachsen – und falls das jemand anzweifelte oder gar kritisierte, dann sorgte das Militär kurzerhand für Ruhe und Ordnung.

Nach dem Motto: Wenn das Volk zu dumm ist, sich eine starke Führung zu wählen, die von allen respektiert wird, dann setzen wir die Regierung ab und lassen eine neue wählen. Demokratische Konfliktlösung wurde auf diese Weise ganz sicher nicht gelernt. Zwar gab es immer wieder Allianzen zwischen verschiedenen Gruppierungen, weil es den traditionellen Kemalisten nie gelang, allein die Regierung zu bilden, aber die Intoleranz gegenüber den Minderheiten und die wirtschaftlich extrem angespannte Lage führten immer wieder aufs Neue zu Protesten und Unruhen.

Zum Zünglein an der Waage wurden ausgerechnet die religiös ausgerichteten Parteien, die den Kemalisten per se verdächtig waren. Als »Königsmacher« wurde 1973 Necmettin Erbakan, Anführer einer islamistischen Partei, für kurze Zeit sogar Ministerpräsident. Er blieb lange Zeit wichtiger politischer *player* – immer argwöhnisch beäugt vom türkischen Militär. Die 1970er-Jahre waren geprägt von innenpolitischen Konflikten. In wechselnden Bündnissen kämpfte im Prinzip jeder gegen jeden: Ultrarechte, Nationalisten, Liberale, Linke, revolutionäre Gewerkschafter, Rechtsreligiöse, Armenier, Kurden, Türken, Aleviten – und jede Gruppe sah allein sich im Recht. Anschläge, Ausschreitungen, Provokationen, Massenpaniken – das Land kam nicht zur Ruhe. Immer wieder schlug das Militär dazwischen und errichtete eine Quasi-Diktatur. Schließlich bedrohten äußere und innere Feinde die Existenz der Republik. Perverse Ideologien seien an die Stelle des Atatürkismus getreten, und so sahen sich die Streitkräfte in der Pflicht, die Türkische Republik zu schützen.

Für demokratische Ohren mag derlei absurd klingen, aber der Putsch von 1980 bekam von allen Seiten Beifall. Selbst aus den USA, die aus geostrategischen Gründen erleichtert waren, dass sich in dem innertürkischen Chaos nicht »die Falschen« durchgesetzt hatten wie etwa im Iran, wo 1979 eine islamistische Revolution den Schah gestürzt hatte, oder in Afghanistan, wo im selben Jahr kommunistische Sowjettruppen einmarschiert waren.

Der Mythos, die Türkei sei umzingelt von Feinden, – Islamisten, Christen, Kommunisten, Griechen, Juden, Arabern ... – wird bis heute von so gut wie allen politisch Aktiven gepflegt. Angesichts der Rundum-Gefahr braucht man eine starke Armee und eine starke zentrale Politik, die das Land von heute auf morgen auch durch die schlimmsten Krisen steuern kann.

Diese pseudo-demokratische Militärregierung versuchte ab den 1970er Jahren zur Befriedung der vielen Konfliktparteien nunmehr eine türkisch-islamische Synthese. Der Islam gehöre zur Identität des Türkentums, hieß es nun, und schnell wurden – im Interesse der nationalen Sicherheit – vom Militär wichtige Institutionen mit entsprechenden Personen besetzt. Nebenbei wurde die »Armeehilfsorganisation« OYAK gegründet, die Zugriff auf erhebliche wirtschaftliche Ressourcen hatte und deren Gewinne großzügig an Offiziere und Unteroffiziere verteilt wurden. Gleichzeitig wurden kritische Organisationen zerschlagen, über 500 Menschen zum Tode verurteilt, etwa 14 000 Türken wurde die Staatsangehörigkeit entzogen, Zehntausende gingen ins Exil. Andernorts nennt man derlei Diktatur, Korruption und Verletzung von Menschenrechten; in der Türkei nannte sich das damals »Gelenkte Demokratie« (*güdümlü demokrasi*).

Die westlichen Regierungen in Europa und den USA beäugten den Partner mit der zweitgrößten NATO-Armee zwar kritisch, aber wie so oft war ihnen Stabilität wichtiger als Demokratie. Und so sah man international großzügig darüber hinweg, dass in der Türkei selbst grundsätzliche demokratische Grundrechte dauerhaft verletzt wurden, die Presse- und Meinungsfreiheit genauso wie die Religionsfreiheit.

Zwar hatte man mit der türkisch-islamischen Synthese der Bevölkerung mehr religiöse Selbstbestimmung zugestanden, aber im öffentlichen Raum waren religiöse Symbole nach wie vor verboten. Gülen weigerte sich, Teil dieser Synthese zu werden und etwa den Islamisten Erbakan zu unterstützen. Ende der 1980er-Jahre wurde das Kopftuch zum politischen Symbol für religiöse, aber auch demokratische Überzeugung. Parallel entbrannte der Konflikt mit den völlig entrechteten Kurden, die nicht einmal ihre eigene Sprache sprechen durften. Die 1979 gegründete kurdische Arbeiterpartei, die heutige Terrororganisation PKK, radikalisierte sich im Laufe der 1980er-Jahre, das Militär griff ein, und ab 1987 galt im Südosten der Türkei der Ausnahmezustand. Die Regierungen wechselten wie das Wetter. Dabei kam es zwischenzeitlich auch zu einer quasi unvorstellbaren Koalition zwischen der kemalistisch, pro-westlich und neoliberal geprägten DYP-Chefin Tansu Çiller und dem offen antidemokratischen Islamisten Necmettin Erbakan.

Binnen zwanzig Jahren gab es 13 Kabinette, unterbrochen von Dauer-Wahlkämpfen, die wiederum mit rhetorischen Schlammschlachten gespickt waren, bei denen jede Seite der anderen unverhohlen und publikumswirksam ihre Verachtung zum Ausdruck brachte. Wechselseitig wurden die Anhänger der gegnerischen Parteien des Terrorismus und des Anti-Türkentums bezichtigt. Immer wieder verbot das Militär einzelne Parteien, worauf die alten Recken kurz darauf unter neuem Namen wieder auf die Bühne traten. Das Possenspiel fand bei jenem vierten, bereits erwähnten postmodernen Putsch 1997 ein Ende. Der damalige Generalstaatsanwalt setzte den gewählten Ministerpräsidenten Erbakan ab und verhängte über dessen Partei ein Verbot mit den Worten, er würde die Partei selbst dann verbieten, wenn sie 99,9 Prozent der Stimmen erhalte.

Auslöser für dies massive Einschreiten des Militärs, das seine im System fest verankerte rechtsstaatliche Macht willkürlich ausnutzte, waren ausgerechnet Bildungsfragen. Erbakan wollte die religiösen İmam-Hatip-Schulen mit den Regelschulen gleichstellen und ihren Absolventen den Zugang zu Hochschulen und Militärakademien ermöglichen. Da schaltete sich das Militär ein. Der Nationale Sicherheitsrat ergriff eben jene »Maßnahmen zur Bekämpfung der islamischen Reaktion« und ordnete an, dass die Mittelstufen der İmam-Hatip-Schulen geschlossen würden und stattdessen zuerst acht Jahre die staatlichen Grundschulen zu besuchen wären. Erbakan protestierte, wurde abgesetzt und seine Partei verboten.

Im Zuge dieser »Aufräumarbeiten« wurde auch Fethullah Gülen von den militärischen Machthabern erneut ins Visier genommen. Hatte bislang vor allem seine Frömmigkeit das Misstrauen geweckt, so galten nun seine Erfolge in der Dialogarbeit als gefährlich. Wer Kurden, Aleviten, Armenier und Sunniten versammelte, brachte damit ein gefährliches Gewicht gegen die kemalistische Mehrheit ins Spiel. Dazu war spürbar, dass die gute Ausbildung an den Hizmet-nahen Schulen dazu führte, dass immer mehr fromme Bildungsbürger in gesellschaftliche Positionen aufstiegen. Die staatliche Grundskepsis gegen jede Form von Religiösität führte zu einer Anklage gegen Gülen. Der damals noch sehr mächtige kemalistisch und also anti-religiös geprägte Nationale Sicherheitsrat klagte den Prediger wegen terroristischer Umtriebe an.

Der zu diesem Zeitpunkt fast 60-jährige Geistliche war 1999 aus gesundheitlichen Gründen in die USA gereist, um sich dort einer Bypass-Operation zu unterziehen. Da nicht klar war, wie das Gerichtsverfahren ausgehen würde, blieb Gülen vorerst, wo er sicher war, in Pennsylvania. Erst im Jahr 2006 wurde er vom zuständigen Gericht einstimmig freigesprochen.

Bis heute sind viele selbst weltoffene Intellektuelle wie der Journalist Can Dündar, die in dieser kemalistischen Denktradition der alten türkischen Eliten aufgewachsen sind, von dieser Grundskepsis gegen Gülen und Hizmet getränkt. Aber es gibt glücklicherweise auch viele liberale und säkulare Intellektuelle wie Ahmet Altan und Şahin Alpay, die das nicht so sehen.

Erdoğan und Gülen: Verbündete oder Feinde?

In den folgenden Jahren war Religion also wieder das altbekannte Minenfeld. Wer sich damit beschäftigte, riskierte seine Existenz. Gülen zog es vor, sich in den USA eine neue Heimat zu suchen, wo er zurückgezogen in den Wäldern Pennsylvanias nicht nur die medizinische Betreuung fand, die er brauchte, sondern auch ein demokratisches Maß an Religionsfreiheit. Hier konnte er sich als Prediger frei und ohne Sanktionen zu fürchten, äußern.

In der Türkei musste sich der islamistische Rand des Parteienspektrums neu formieren. Dabei betrat Recep Tayyip Erdoğan mit der von ihm neu gegründeten »Partei für Gerechtigkeit und Entwicklung« (*Adalet ve Kalkınma Partisi*, kurz AKP) die politische Bühne. Er hatte als Erbakan-Zögling erst in dessen Jugendorganisation, dann aber auch in der Kommunalpolitik Karriere gemacht und war seit 1994 Bürgermeister von Groß-Istanbul. Erdoğan konnte aus drei Gründen unter den

»schwarzen Türken« eine breite Anhängerschaft gewinnen. Er hatte es »allen« gezeigt: 1. den weißen *Upperclass*-Türken, weil er sich als Sohn eines Schwarzmeer-Türken, der im Istanbuler Armenviertel Kasımpaşa aufgewachsen war, selbst nur eine İmam-Hatip-Schule besucht hatte und eigentlich Profifußballer werden wollte, hochgearbeitet hatte; 2. den kemalistischen Militärs, die jeden Gläubigen zum Säkularisten, zu einem »guten Türken« ohne Bart oder Kopftuch, umerziehen wollten, die ihm wegen der Rezitation eines religiösen Gedichtes ein lebenslanges Politikverbot erteilt hatten und die er nun blamierte, indem er sich so lange durch Strohmänner vertreten ließ, bis er die Macht hatte, eben dieses Politikverbot wieder aufzuheben; und 3. den islamistischen Kräften rund um Erbakan, die sich als religiöse Fanatiker gegen jede Kooperation mit dem »christlichen Klub« der Europäer genauso wie gegen jeden Dialog mit den kurdischen Minderheiten gestellt hatten. Sie hatten damit nicht nur dem wirtschaftlichen Aufschwung, sondern auch einem innertürkischen Frieden dauerhaft im Wege gestanden.

Erdoğan war der Held der sozialen Aufsteiger, die bildungsfern und in Armut aufgewachsen, religiös geprägt, aber fleißig und ehrgeizig waren. Viele von ihnen verdankten ihren sozialen Aufstieg der mittlerweile über drei Jahrzehnte gereiften Bildungsbewegung Hizmet. Und auf diese Weise rückte mit Erdoğan ausgerechnet jene Person ins politische Rampenlicht, die sich von Politik immer bewusst ferngehalten hatte: Fethullah Gülen.

Erdoğan hatte den Wert, der in der großen Zahl jener Bildungsbürger steckte, spätestens bei den Präsidentschaftswahlen 2002 entdeckt. Er distanzierte sich von den islamistischen Überzeugungen seines Lehrmeisters Erbakan, sprach stattdessen von einem gemäßigten Islam, von einer strikten Trennung von Staat und Religion, forderte jedoch zugleich – im Sinne der Emanzipation der Frauen – das Recht, ein Kopftuch zu tragen und übernahm auch sonst einige Argumente der Hizmet-Bewegung. Und so schaffte er, was nur wenige für möglich gehalten hatten: einen erdrutschartigen Wahlsieg mit der AKP. Die Stimmen der vielen Hizmet-Engagierten kamen ihm dabei deutlich zugute.

So entstand der Mythos vom Bündnis zwischen Gülen und Erdoğan. Fast in jedem Bericht wird behauptet, die beiden seien Verbündete gewesen oder hätten sogar einmal politisch zusammengearbeitet. Das entbehrt jeder Grundlage. Tatsächlich zusammengetroffen sind Erdoğan und Gülen nur wenige Male.

Das erzählt Gülen sehr ausführlich im bereits erwähnten ZDF-Interview im September 2016. Es gab wohl kurze Begegnungen in den 1990er-Jahren, als Erdoğan noch Oberbürgermeister von Istanbul war. Dann besuchte Erdoğan den Gelehrten Gülen einmal in seiner kleinen Wohnung in der Fem-Schule im Istanbuler Stadtteil Altunizsde und bat ihn um Rat. Er wollte sich von seinem politischen Lehrmeister Mehmecon Erbakan trennen und eine neue Partei gründen. »Wenn mich jemand um meine Meinung fragt, sage ich ihm, was ich denke, selbst wenn er mein Todfeind sein sollte«, erklärte Gülen dem ZDF. Er habe Erdoğan zugeraten, nicht mit Erbakan zu streiten, die Partei zu gründen und sich der Demokratie zu widmen.

Ein weiteres Mal begegneten sie sich anlässlich eines internationalen Fußballturniers, das die Türkei zugunsten der Bevölkerung von Sarajewo organisiert hatte. Auch Ministerpräsidentin Tansu Çiller war anwesend. Erdoğan habe sich zu ihnen gesetzt, man habe kein Wort geredet. Aber es gibt ein Foto dieser Begegnung. Noch einmal begegneten sich die beiden 1999 auf der Hochzeit der türkischen Fußball-Legende

Hakan Şükür. Der türkische WM-Held und Torschützenkönig hatte sich nach dem Ende seiner Karriere in die Politik begeben und sollte 2011 sogar als Kandidat der AKP ins Parlament gewählt werden. Doch schon zwei Jahre später erklärte Şükür seinen Austritt aus der AKP und warf der Partei Feindseligkeit gegen Hizmet vor. Im Februar 2016 wurde Şükür aufgrund angeblicher Twitter-Nachrichten von 2015 wegen Präsidentenbeleidigung angeklagt. Seit dem gescheiterten Putsch 2016 wird nach ihm per Haftbefehl gesucht und sein Vater Sermet Şükür wurde in der Türkei verhaftet. Vorwurf: Zugehörigkeit zu einer terroristischen Vereinigung.

Doch das alles geschah lange nach der Hochzeit, auf der Erdoğan und Gülen sich zufällig begegneten und lediglich ein paar Höflichkeiten austauschten. Davon gibt es die oft gezeigten Filmaufnahmen. Alle anderen Bilder, die im Internet kursieren, sind Fotomontagen. Das Männerbündnis gab es nicht. Aber vielleicht doch so etwas wie eine Zweckgemeinschaft der türkischen Hizmet-Bewegung mit der islamistischen AKP.

Anlässlich des Verfassungsreferendums zur Reform des sogenannten Hohen Rats der Richter und Staatsanwälte 2010 empfahl Gülen öffentlich, diese Entscheidung bei der Wahl zu unterstützen, weil er sie – übrigens genau wie viele europäische Gremien – als einen ersten Schritt zu mehr Demokratie empfand: nämlich in Richtung Gewaltenteilung. Erdoğan sprach damals oft von Demokratie und Menschenrechten. 2014 gab es jedoch erneut eine von Erdoğan initiierte Gesetzesänderung, die nunmehr der Regierung deutlich größeren Einfluss zusicherte. Und mit der »Säuberungswelle« nach dem Putschversuch 2016 wurde die Gewaltenteilung komplett aufgehoben und 5000 Richter und Staatsanwälte unter fadenscheinigen Argumenten außer Dienst gesetzt – das traf vor allem Personen, die der

Hizmet-Bewegung nahestehen, aber auch andere Kritiker des antidemokratischen Regierungskurses.

Zu Beginn von Erdoğans Regierungszeit brachten jedoch viele Menschen, die in der Hizmet-Bewegung aufgewachsen waren und sich als Erwachsene dort nun selbst engagierten, dem Politiker Erdoğan größtes Vertrauen entgegen. Ihnen war Atatürk nie der Vater der Nation gewesen war, als der er von Kemalisten gefeiert wurde. Gegenüber Gülen aber, dem sie inspirierende Kraft für ihren kraftzehrenden Bildungsaufstieg verdankten, verspürten sie eine tiefe spirituelle Verbundenheit. Und obgleich Erdoğan eine völlig andere Sozialisation durchlebt hatte, schien er einer von ihnen zu sein. Ihm trauten sie zu, dass er auf politischer Ebene für die gesamte Türkei schaffen würde, was ihnen selbst auf zivilgesellschaftlicher Ebene im Bildungskontext gelungen war: Brücken zwischen unvereinbar scheinenden Welten zu bauen und den Dialog zwischen ehemals verfeindeten Gruppen zu eröffnen.

Es schien ja auch alles auf dem besten Weg: Minderheitenrechte wurden erweitert, die Religions- und Pressefreiheit gestärkt, die Macht der alten kemalistischen Militärs zurechtgestutzt. Das Land war in seiner Geschichte noch nie so nah an Europa wie Mitte der 2000er-Jahre. Erdoğan war damals ein Meister darin, Menschen für sich zusammenzubringen: Liberale, Linke, Kurden und andere Minderheiten stützten seinen Kurs. Auch international galt er als Hoffnungsträger.

Erst langsam begannen die etablierten Bildungsbürger und überzeugten Demokraten der Hizmet-Bewegung zu erkennen, dass Erdoğan sich zunehmend weniger an die rechtsstaatlichen Grundsätze hielt. Die Freude über die ungewohnte Religionsfreiheit verblasste, der Ärger über den antidemokratischen Kurs Erdoğans wuchs. Die Kritik, vor allem in den Hizmet-nahen

Medien, wurde immer lauter. Und so musste Erdoğan erkennen, dass die vom ihm vereinnahmten Hizmet-Engagierten nicht ganz so nach seiner Pfeife tanzen wollten, wie er sich das gedacht hatte.

Auch Gülen selbst, der sich grundsätzlich aus allen parteipolitischen Fragen komplett heraushält, begann, bestimmte Regierungsaktivitäten aus der Ferne kritisch zu kommentieren oder zumindest zu hinterfragen. So kam es zum Zerwürfnis in dem angeblichen Männerbündnis, das nie eines gewesen war.

Ergenekon: Eine undemokratische Überreaktion

Höhepunkt – oder nach heutiger Sicht eigentlich Tiefpunkt – der Zusammenarbeit von AKP und Hizmet-Bewegung war das Jahr 2008, als in der Türkei eine türkische Geheim-Organisation namens Ergenekon aufflog. Sie speiste sich überwiegend aus Feindschaft – gegen feindliche ausländische Mächte, gegen kurdische Separatisten und gegen türkische Intellektuelle. Die Verschwörer betrieben gemeinsam mit dem organisierten Verbrechen Drogenhandel und Glücksspiel und betrachteten sich als wahre Verteidiger des türkischen Staates. Sie ermordeten einen Priester und einen Verwaltungsrichter und planten weitere Morde an zahlreichen Intellektuellen und Politikern, etwa an dem Literatur-Nobelpreisträger Orhan Pamuk, am Ex-Chef der Kurdenpartei DTP Ahmet Türk, an der Kurdenführerin Leyla Zana und dem Journalisten Fehmi Koru.

Die ersten 33 Menschen, die als Ergenekon-Mitglieder verhaftet wurden, waren Ex-Militärs, Rechtsanwälte und Angehörige des Istanbuler Gerichtshofes, allesamt »dicke Fische« des verknöcherten und radikalisierten Kemalismus. Auf der

Anklagebank saß, was man in der Türkei den »tiefen Staat« nennt: die politische Kontrollebene der Militärs.

Die zweijährige Ermittlungsarbeit hatte die junge Generation an Staatsanwälten und Richtern durchgeführt, die sich auch aus Absolventen der Hizmet-Schulen zusammensetzte. Sie waren nicht in die komplizierten Seilschaften der kemalistischen Elite verstrickt. Unabhängig und hochqualifiziert wie sie waren, brachten sie die notwendige Entschlossenheit für eine solche komplexe, hochbrisante Aufgabe mit, die unter absoluter Verschwiegenheit erfolgen musste. Das Verfahren gegen den Sumpf des extremen türkischen Nationalismus trotz seiner Verbindungen zu Militärs oder Ex-Militärs, Geheimdiensten und sonstigen Sicherheitskräften wurde von internationalen Beobachtern nicht nur als Novum in der Türkei, sondern als Beweis für die »Tiefe des gesellschaftlichen und politischen Wandels in den letzten Jahren« (*Die Welt*) betrachtet. Der Ergenekon-Skandal war der erste Erfolg des neuen türkischen Demokratie-Kurses. Diesen hatten sowohl türkische säkulare Intellektuelle wie Can Dündar, der sogar ein Buch darüber schrieb, wie auch westliche Politiker sehr begrüßt.

Eigentlich. Doch dann lief das Ganze aus dem Ruder. Die staatlichen Instanzen waren entschlossen, alles aufzudecken, was es aufzudecken gab. Die Öffentlichkeit war entsetzt und vermutete, dass noch längst nicht alles aufgedeckt war. Also ging man massiv weiter vor, offenbar zulasten der notwendigen Sorgfalt. Auf die ersten wichtigen und richtigen Enthüllungen folgte eine oftmals unrechtmäßige und übertrieben harte Vorgehensweise der Justiz. In dieser Phase der Ermittlungen und Entdeckungen, der Verhaftungen und Verurteilungen gab es viel Kritik. Man warf der Regierung – also im Wesentlichen Erdoğan und seiner AKP, aber auch den angeblichen Hizmet-Engagierten unter den Justizbeamten – vor, Unschuldige zu verhaften. Die Ermittlungen würden bewusst verzögert und politisch missbraucht, um Gegner und Kritiker einzuschüchtern.

Im Nachhinein muss man zugeben: Da war einiges dran, wobei Erdoğan in hohem Maße von dem rabiaten Vorgehen gegen die alten Militärs profitierte. Eine echte unabhängige Untersuchung hat es bis heute nicht gegeben. Inzwischen ist unstrittig, dass dies kein Glanzstück türkischer Rechtsgeschichte war.

Man muss sich selbstkritisch fragen, wie viel Mitschuld Hizmet am Aufstieg des Autokraten Erdoğans trägt. Dass Erdoğan und die Hizmet-Bewegung aus völlig verschiedenen geistigen Strömungen kommen, hatten die meisten *Menschen in Hizmet* selbst zeitweilig ausgeblendet. Natürlich wussten sie, dass Erdoğan als politischer Ziehsohn des Islamisten-Übervaters Necmettin Erbakan für einen klassischen politischen Islam à la Millî Görüş steht – und damit in starkem Widerspruch zu dem eigenen sufistisch geprägten Islam. Doch zwischenzeitlich wurde ignoriert, wie distanziert das Verhältnis von Millî Görüş und Hizmet-Bewegung in Wahrheit war. Als die AKP 2002 an die Macht kam und aus Mangel an eigenen loyalen und qualifizierten Leuten händeringend nach Personal für Staat und Verwaltung suchte, hatten die Menschen aus der Hizmet-Bewegung gern die offenen Posten und Ämter übernommen.

Kritiker halten der Hizmet-Bewegung deswegen vor, dass es niemals um Demokratie und Menschenrechte, sondern immer nur um Pöstchen und Macht gegangen sei. Erst als sich die AKP immer größere Stücke vom Machtkuchen genommen habe, sei man in Opposition zu Erdoğan gegangen. Daher findet der Vernichtungsfeldzug der türkischen Machthaber gegen die Hizmet-Bewegung, der schon vor dem gescheiterten Putschversuch begonnen hatte, erschreckend wenig Widerspruch. Linke, Kemalisten und Liberale nehmen bei allem Protest gegen staatliche Repressionen die »Gülen-Anhänger« niemals in Schutz. Die frommen Bildungsbürger der Hizmet-Bewegung gelten eben nicht nur als Opfer des Regimes, sondern auch als dessen Steigbügelhalter. So bringt es der Journalist Tobias Lau Anfang August 2016 auf den Punkt:

»Der gesellschaftliche Konsens, dass die Gülen-Bewegung nicht nur hinter dem Putsch steckt, sondern das große Übel für die türkische Nation als solche ist, ist der kleinste gemeinsame Nenner, auf den sich fast alle gesellschaftlichen Gruppen einigen können. Der gemeinsame Feind eint die Nation.«

Hinzu kommt, dass genauso wahrscheinlich, wie Kurden, Aleviten, Kemalisten und AKPler beteiligt waren, auch Offiziere aus dem Umfeld von Hizmet in dem gescheiterten Putschversuch verwickelt sein könnten. Viele der beteiligten Soldaten und Offiziere berichteten im Nachhinein, ihnen wäre gesagt worden, es handele sich um eine militärische Übung. Wer einen solchen Befehl bekomme, befolge ihn.

Wer von Emotionen beherrscht wird, dem sind Fakten egal. Der von der türkischen Regierung präsentierte Sündenbock ist allen gesellschaftlichen Gruppierungen ein Dorn im Auge – mal aus religiösen, mal aus politischen Gründen, mal aus Arroganz und mal aus Sozialneid. Eine unabhängige Untersuchung der Ereignisse vom 15. Juli 2016 nach rechtsstaatlichen Vorstellungen wird es aller Wahrscheinlichkeit nicht geben. Da ist es doch bequem, wenn man jemanden hat, auf den man mit dem Finger zeigen kann.

Mavi Marmara: Der Anfang vom Ende
der Pressefreiheit

Die Situation in der türkischen Demokratie veränderte sich im Zuge der türkischen Außenpolitik, die seit Regierungsübernahme der AKP 2002 von einer sogenannten *zero problem policy*, also guten Beziehungen mit allen Nachbarn, geprägt war. Die bisherige eindeutige Westbindung wurde zugunsten einer Öffnung gegenüber den östlichen Nachbarländern aufgegeben.

Bis dahin hatte die kemalistisch geprägte Türkei drei außenpolitische Maximen verfolgt: die Vollmitgliedschaft in der EU, die Zugehörigkeit zur NATO und die vehemente Ablehnung der Gründung eines eigenständigen kurdischen Staates. Offiziell wurde die Linie beibehalten. Die Demokratisierungs-Bestrebungen Erdoğans in den ersten Jahren seiner Regierungszeit wurden als Signal gewertet, dass die Türkei versuchte, entschlossen die EU-Bedingungen für einen Beitritt zu erfüllen. Auch die Gesprächsangebote gegenüber den Griechen in der Zypernfrage und die Aufnahme diplomatischer Beziehungen zu Armenien machten Hoffnung. Doch inzwischen zeigt sich deutlich, dass es dabei weniger um die EU-Mitgliedschaft ging als um den Machtausbau der AKP.

Im Kurdenkonflikt startete die AKP zunächst eine Art Charme-Offensive, doch als daraus nicht mehr AKP-Wählerstimmen resultierten, sondern im Gegenteil eine selbstbewusste eigene kurdische Partei, die sogar die Zehn-Prozent-Hürde knackte, war es vorbei mit der Toleranz. Als nach dem Beginn des syrischen Bürgerkriegs der IS die syrisch-kurdische Stadt Kobane belagerte, standen wenige Kilometer entfernt türkische Panzer – ohne einzugreifen. Die Passivität galt als bewusste Unterlassung und wurde von den türkischen Kurden als gezielte

Aggression gegen ihre kurdischen Angehörigen in Syrien gewertet. Die Aufhebung der Immunität der kurdischen HDP-Abgeordneten kann auch in diesem Zusammenhang gesehen werden.

Die Zugehörigkeit zur NATO scheint Erdoğan eher dazu zu ermutigen, gegenüber anderen Staaten selbstbewusst mit den Muskeln zu spielen und Stärke zu demonstrieren. Das bekam zuletzt die deutsche Kanzlerin in der Flüchtlingsfrage zu spüren, bei der Erdoğan ungerührt die türkische Position als Pufferstaat zwischen dem Krisenherd im Nahen Osten und der EU für seine Interessen ausnutzte.

Wie wenig er wirklich an friedlichen Konfliktlösungen interessiert ist, zeigte sich bereits 2009, als Erdoğan einen Auftritt auf dem Weltwirtschaftsforum in Davos dazu nutzte, den israelischen Staatspräsidenten Simon Peres säbelrasselnd für seine Palästina-Politik anzufeinden. Selbstverständlich ist das Vorgehen Israels in Palästina nicht richtig. Eine Mauer zwischen den Menschen bauen zu wollen, kann nie richtig sein. Doch ganz offensichtlich ging es Erdoğan hier nicht um rechtliche Fragen, sondern um mediale Aufmerksamkeit. Das beweist auch sein weiteres Verhalten.

Die Geschichte des Israel-Palästina-Konflikts ist bekanntlich lang und kompliziert. Sie führte 2008 dazu, dass Israel eine Seeblockade gegen den Gaza-Streifen startete. Nur wenige Güter dürfen seither per Schiff ins Land transportiert werden, darunter auch Lebensmittel, die eine gering bemessene Anzahl an Kalorien pro Tag und Kopf erlauben. Diese Härte wurde international immer wieder kritisiert, aber von der UN und von den westlichen Staaten als rechtens befunden.

Knapp ein Jahr nach der Polemik von Davos startete 2010 ein Schiff namens »Mavi Marmara« mit fünf Begleitschiffen, um die israelische Seeblockade zu durchbrechen und den Menschen im Gazastreifen Lebensmittel, Medikamente und Hilfsgüter zu bringen. An Bord der insgesamt sechs Schiffe waren fast 700 Menschen, etwa 400 davon türkische Aktivisten unter Federführung der AKP-nahen, türkisch-islamistischen Hilfsorganisation İHH sowie Vertreter verschiedener politischer Richtungen aus unterschiedlichsten Ländern. Unstrittig ist, dass diese »Hilfsflotte« vor allem ein Instrument der Propaganda war und weniger der ernsthafte Versuch, Hilfsgüter ins Land zu bringen.

Man wollte mit großer medialer Sichtbarkeit auf die kritisierte Seeblockade hinweisen – vergleichbar den Schlauchboot-Fahrten von Greenpeace als Zeichen des Protests gegen Ölplattformen oder Robbenjagd. Allerdings fuhr die Mavi-Marmara-Flotte ohne Erlaubnis durch israelisches Hoheitsgebiet und verletzte damit eine Staatsgrenze – und zwar nicht nur kurz, nicht nur »aus Versehen«, sondern bewusst und provozierend. Fünf Jahre später würde Erdoğan ein russisches Flugzeug bei einer (nach wie vor strittigen) Grenzverletzung über Syrien von türkischen Abwehrkräften abschießen lassen.

Die Reaktion Israels auf die Hilfsflotten-Provokation war vergleichbar hart und unerbittlich. Die »Hilfsflotte« wurde von Soldaten gestürmt, neun Aktivisten kamen dabei ums Leben. Die diplomatischen Beziehungen zwischen Israel und der Türkei lagen sechs Jahre lang auf Eis; erst 2016 fanden die beiden Länder einen Modus der Versöhnung. Hatte Erdoğan 2010 noch offiziell erklärt, er habe dem Schiff die Erlaubnis erteilt, so behauptete er nun, die Flotte sei ohne seine Erlaubnis gestartet.

Die Mavi-Marmara-Aktion stand weltweit in der Kritik, weil klar war, dass sie keineswegs den Friedensprozess beförderte, sondern im Gegenteil die Stimmung in dem ohnehin seit Jahrzehnten erbittert geführten Konflikt zusätzlich anheizte. Israel hatte das Völkerrecht auf seiner Seite, die Türkei die

Sympathien vieler Muslime. Erdoğan spielte sich als Beschützer der im Gazastreifen lebenden Palästinenser auf. Doch die Tatsache, dass er sich demonstrativ an die Seite der islamistischen Hamas stellte, war eben auch ein Signal an viele antisemitische Gruppierungen. Ziel war ganz offensichtlich, Israel als Unrechtsstaat vorzuführen.

Heute, mit Abstand betrachtet, denken viele, dass sie sich eindeutiger gegen das provozierende und gefährliche Gebaren der Türkei hätten äußern müssen. Die Regierung hatte sich nicht nur unzulässigerweise in die Konflikte eines anderen Landes eingemischt und absichtsvoll das Völkerrecht verletzt, die Aktion war auch politisch eine völlig falsche Botschaft. Statt in dem verhärteten Israel-Palästina-Konflikt zu schlichten und zu versöhnen oder wenigstens das Leid der betroffenen Menschen zu lindern, goss Erdoğan Öl ins Feuer. Wäre es um humanitäre Hilfe gegangen, hätte man die Hilfsgüter vermutlich auch auf dem Umweg über den Hafen Aschdod und die israelischen Sicherheitskontrollen in den Gazastreifen bringen können.

Viele türkische *Menschen in Hizmet* stellten sich in der damaligen Situation zunächst auf die Seite der Regierung. Denn natürlich war auch das israelische Vorgehen kritikwürdig, allein die Seeblockade, ganz sicher aber das brutale militärische Vorgehen gegen die Schiffsbesatzung. Neun Menschen verloren ihr Leben – wofür?

Ausgerechnet Fethullah Gülen, der sich sonst so bewusst aus jeder politischen Streitfrage heraushielt, meldete sich schließlich zu Wort, mahnte in einer Predigt, dass niemand die Autorität eines Staates infrage stellen dürfe und nahm zwischen den Zeilen deutlich Bezug auf die Völkerrechtsverletzung der Mavi Marmara. Erst jetzt begannen die *Menschen in Hizmet*, ihre eigene Position infrage zu stellen. Hatte die Zeitung *Za-*

man zuvor einseitig die israelische Seite kritisiert, schlug sie nun eine ausgewogenere, Türkei-kritische Linie ein. Nur sechs Jahre später wurde die Zeitung als vermeintliche Brutstätte des Terrorismus von staatlichen Einsatzkräften gestürmt, enteignet und unter staatliche Aufsicht gestellt. Die – wenn auch verzögerte – kritische Berichterstattung über Mavi Marmara war der Anfang vom Ende der Pressefreiheit in der Türkei.

Gezi-Park: Eine Kriegserklärung an die Zivilgesellschaft

Ein zweiter wichtiger Meilenstein auf dem Erkenntnisweg, dass Erdoğan nicht der erhoffte Demokratie-Förderer ist, für den viele ihn so lange gehalten haben, waren die Proteste im Gezi-Park, oder besser gesagt: wie Erdoğan damit umging.

Mitten in Istanbul, in der Nähe des berühmten Taksim-Platzes, sollte ein neues Einkaufszentrum gebaut werden, dem ein kleiner, scheinbar unbedeutender Park weichen sollte. Doch die Anwohner aus dem angrenzenden Wohnviertel wollten ihren Park nicht opfern, und so organisierte sich zunächst eine Gruppe von Umweltschützern, deren Protest gegen die geplante Zerstörung des Parks sich so sehr auswuchs, dass bald an die hundert Aktivisten im Gezi-Park kampierten. Am frühen Morgen des 31. Mai 2013 rückte die Polizei an und räumte das Protest-Camp mit großer Härte. Doch das war erst der Anfang: Aus dem Protest gegen ein Einkaufszentrum wurde eine Massenrevolte gegen die konservativ-autoritäre Politik Erdoğans. Der Hauch des Arabischen Frühlings wehte durch das Land. Erstmals formierte sich eine zivilgesellschaftliche Protestbewegung, die es wagte, sich dem Staat entgegenzustellen – gewaltfrei, aber unübersehbar.

In den ersten drei Juni-Wochen beteiligten sich landesweit 3,5 Millionen Menschen an Demonstrationen gegen Erdoğan. Die Polizei ging mit Wasserwerfern und Tränengas gegen sie vor. Acht Menschen wurden getötet, darunter ein 15-Jähriger, der nur zufällig des Weges kam und von einer Tränengaskartusche am Kopf getroffen wurde. Nach monatelangem Koma starb er im März 2014. Erdoğan zeigte sich unerbittlich und unterstrich, dass er persönlich den Befehl zu den Polizeieinsätzen während der Demonstrationen gegeben habe.

Noch zeigten sich die türkischen *Menschen in Hizmet* unentschlossen. Man fühlte sich hin- und hergerissen zwischen Erdoğan und seinem jahrelangen Reformkurs, der den frommen Anatoliern so viele Rechte und Gleichberechtigung eingebracht hatte, und der Protestbewegung für Umweltschutz und Menschenrechte auf der anderen Seite, die in den Medien als Schmarotzer und Störer des öffentlichen Friedens dargestellt wurden. Dabei war die Türkei jahrelang das Vorzeigebeispiel gewesen, um zu beweisen, dass das westliche Demokratiemodell auch in der muslimischen Welt funktionieren kann. Sollte das nicht mehr gelten?

Hinzukam, dass viele der Gezi-Aktivisten kemalistisch und antireligiös geprägt waren und Erdoğan nicht wegen seiner autoritären Politik, sondern wegen seines islamischen Glaubens kritisierten. Wieder einmal standen die *Menschen in Hizmet* zwischen den Fronten, zwischen ihrem zivilgesellschaftlichen Engagement und ihrem Bekenntnis zu Gott.

Gezi war ein Schock, nicht nur für die *Menschen in Hizmet*. Für sämtliche demokratischen Kräfte im Land waren die innenpolitischen Ereignisse im Frühjahr 2013 traumatisch. Inzwischen ist allen – auch den ausländischen Beobachtern – klar, dass die AKP-Regierung spätestens bei den Gezi-Protesten deutlich gezeigt hat, was sie von Demokratie hält: nichts!

Wieder meldete sich Fethullah Gülen zu Wort. Manche warfen ihm vor, dass er dafür viel zu lang gebraucht habe, nämlich vier oder fünf Monate, und dass er durch sein langes Schweigen seinen Anhängern signalisiert habe, dass Erdoğan alles richtig mache. Doch damit zielt die Kritik auf die falsche Adresse. Gülen ist eben kein Anführer einer politischen Bewegung, der seinen Anhängern diktiert, was sie zu denken und zu sagen haben. Er trägt keine Verantwortung für das Denken und Handeln der vielen tausend *Menschen in Hizmet* – das müssen sie schon selbst tun.

Sufi-Meister in der Tradition von Rumi und Nursi, wie Gülen einer ist, haben sich aus aktuellen politischen Fragestellungen oft herausgehalten. Sie haben nie klare politische Appelle formuliert, aber als mahnende Intellektuelle zur Besinnung aufgerufen. Sie waren, wie Sartre es einmal formulierte, Intellektuelle, also »jemand, der sich in Dinge einmischt, die ihn nichts angehen«.

Bei Gezi mischte Gülen sich ein – zunächst vorsichtig: In einer Predigt Anfang Juni 2013 mahnte der Gelehrte die türkische Regierung, den Protest ernst zu nehmen und ausgewogen zu reagieren. Politiker wie der damalige Staatspräsident Gül und der damalige Vizeministerpräsident Arınç distanzierten sich aufgrund seiner bedächtigen Worte von Erdoğan. Doch schon einige Monate später kritisierte Gülen Erdoğans harsches Vorgehen gegen die friedlichen Demonstranten aufs Schärfste.

Offener Konflikt: Der Korruptionsskandal 2013

Vielleicht war das brutale Niederschlagen der friedlichen Proteste rund um den Taksim-Platz genau der demokratische Weckruf, den die *Menschen in Hizmet* gebraucht hatten. Ausgerechnet im Winter 2013 kam es zu einer Verhaftungswelle, an der aufseiten der Justiz viele gesetzestreue Richter aus allen Lagern beteiligt waren, darunter auch einige *Menschen in Hizmet*. Manche sehen darin eine konzertierte Aktion als Rache für Gezi. Vielleicht waren es aber auch einfach die langsamen Mühen der gerichtlichen Ermittlungen, die zufällig wenige Monate nach den Gezi-Protesten Ergebnisse zeigten, obwohl sie bereits seit mehreren Jahren liefen.

Im Dezember 2013 wurden insgesamt 84 Personen aus dem engsten Umfeld der AKP festgenommen. Unter ihnen der Geschäftsführer der staatseigenen Halk-Bank sowie die Söhne des Innen-, des Umwelt- und des Wirtschaftsministers, die daraufhin alle drei ihren Rücktritt einreichten. Es ging um verdeckte Öl-Geschäfte mit dem Iran, die aufgrund der damals gültigen Sanktionen gegen den Iran illegal waren. Dabei waren – damit die Zahlungen nicht als Kontobewegung erkenntlich wurden – die Öl-Importe mit Gold bezahlt worden. So soll binnen einen Jahres Gold im Wert von 13 Milliarden US-Dollar in den Iran gebracht worden sein, bis im Sommer 2013 auch solche Zahlungen den internationalen Sanktionen unterlagen. Fortan, so lautete die Anklage der Staatsanwaltschaft, seien die Geschäfte über Mittelsmänner abgewickelt worden, wobei Provisionen von rund 15 Prozent als Schmiergelder an Politiker und Sicherheitskräfte geflossen seien.

Es kursierten Gerüchte, es stünde eine zweite Verhaftungswelle bevor, diesmal auch gegen enge Verwandte Erdoğans.

Und wie lautete Erdoğans Reaktion? Er behauptete, das Ganze sei eine Schmutzkampagne gegen seine Regierung, die von westlichen Mächten initiiert und finanziert sei – aus Neid über den wirtschaftlichen Erfolg der Türkei, aus Konkurrenzdenken, weil das Land bald den dritten Flughafen habe und damit zum Beispiel Frankfurt als Drehkreuz der Luftfahrt den Rang ablaufe oder aus Hass gegen die Israel-kritische Haltung der Türkei seit den Mavi-Marmara-Vorfällen. »Der Kopf des Ganzen ist der an der Spitze der internationalen Ordnung.« Die USA, Barack Obama. Doch weil er dem nichts entgegensetzen konnte, fand er einen anderen Buhmann für seine massive Ablenkungsstrategie: Fethullah Gülen.

Gülen müsse hinter den verschwörerischen polizeilichen Ermittlungen stecken. Dafür gab es offenbar schlagende Beweise: Aufgrund der Erfolge der jahrelangen Bildungsarbeit der Hizmet-Bewegung saßen schließlich auf den ranghöchsten Positionen in Polizei und Justiz allesamt Absolventen der Hizmet-Schulen. Und die auflagenstärkste Zeitung *Zaman* verfolgte die Sache mit detaillierten Enthüllungen, die offenbar aus den Akten der Staatsanwälte gespeist waren. Aus Erdoğans Perspektive war klar: Das Ganze würde aus Pennsylvania ferngesteuert. Hizmet wurde zum Sündenbock für alles erklärt.

Die Konsequenz war, dass zahlreiche hohe Polizeibeamte ihres Amtes enthoben und Hunderte andere Beamte auf unbedeutende Posten versetzt wurden. Auch das Kabinett wurde kurzerhand umgebildet – nicht als Schuldeingeständnis, sondern vermutlich um zu verhindern, dass beteiligte Politiker »auspacken« könnten. Der Umweltminister jedenfalls hatte Erdoğan nach seinem sofortigen Rücktritt aufgefordert, sein Amt ebenfalls niederzulegen. Er hatte nicht nur selbst die Tat zugegeben, sondern auch die Beteiligung des Präsidenten eingeräumt: »Alles geschah mit seinem Einverständnis.« Doch davon wollte Erdoğan selbstverständlich nichts wissen.

Wie er auch von so vielem anderen nichts wissen wollte: Als Monate später Telefon-Mitschnitte auftauchten, die ein Gespräch zwischen ihm und seinem Sohn belegen sollten, in dem er zur Vertuschung von Beweismitteln aufforderte, ließ er sofort Twitter und YouTube sperren, wo die kompromittierenden Telefonmitschnitte bereits kursierten. Niemand weiß, woher die Aufzeichnungen stammen. An ihrer Verbreitung in den sozialen Medien hingegen waren neben vielen Erdoğan-Kritikern vermutlich auch viele *Menschen in Hizmet* beteiligt.

Ein Jahr darauf wurden alle Korruptionsprozesse »aus Mangel an Beweisen« eingestellt. Wer wagt, derlei zu hinterfragen, muss mit Gefängnisstrafen rechnen.

An diesem Punkt gab Gülen seine Zurückhaltung ganz auf. In einem Interview mit dem *Wall Street Journal* im Januar 2014 benennt er die Enttäuschung der Türken, die die Verfassungsreformen von 2010 als einen guten Anfang in die richtige Richtung unterstützt hätten und den Demokratieprozess nun ins Gegenteil verkehrt sähen: »Turkish people who supported the constitutional amendments of 2010 with the phrase ›good but not sufficient‹ are upset that in the last two years the democratic progress is now being reversed.« Und im Dezember 2014 sagte er unmissverständlich gegenüber der *Süddeutschen Zeitung*, »nachdem das Land vom Joch des Militärs befreit war«, habe die AKP »das Joch einer Partei« errichtet.

Der Putsch: Das Ende des Rechtsstaats

Ab dem Sommer 2016 realisierten die deutschen Medien endlich, was in der Türkei schon so lange schief lief, wenngleich die Journalisten die Schikanen zunächst nur auf sich selbst bezogen. So wurden anfangs vor allem die Einschnitte in die Pressefreiheit beklagt. Dabei geht es schon seit langem um die allgemeine Meinungsfreiheit und das Recht zur freien Rede, wie sie in einer Demokratie eigentlich selbstverständlich sind, für jeden Menschen, nicht nur für Medienvertreter.

Der erste Weckruf für die deutschen Journalisten war bereits einige Wochen vorher erfolgt: Am 4. März 2016 hatte die türkische Polizei die Redaktion der türkischen Zeitung *Zaman* in Istanbul gestürmt. Das klang zwar dramatisch, erregte aber hierzulande relativ wenig Aufmerksamkeit. Durchschnittlichen deutschen Ohren klang das alles ungewohnt. Wer weiß schon, dass »Zaman« das türkische Wort für »Zeit« ist? Dass *Zaman* die größte türkische Tageszeitung mit einer Auflage von einer Million Exemplaren jeden Tag ist – oder besser: war?

Man stelle sich vor, die deutsche Polizei würde die Hamburger Redaktionsräume der Wochenzeitung *Die Zeit* stürmen und die leitenden Redakteure wegen Terrorverdachts verhaften. Man stelle sich vor, es würden am selben Tag friedlich dagegen protestierende *Zeit*-Abonnenten vor dem Verlagsgebäude von Hundertschaften an Polizisten mit Wasserwerfern und Tränengas vertrieben. Und man stelle sich vor, die Herausgabe der größten deutschen Wochenzeitung würde fortan unter staatliche Aufsicht gestellt und alle Artikel müssten künftig vom Kanzleramt genehmigt werden.

Zwischenzeitlich hatte die *Zaman* nur noch 10 000 Leser am Tag, konnte aus eigener Kraft nicht überleben und hing monatelang am Tropf staatlicher Zuschüsse. Offenbar sollte den Lesern des ehemals regierungskritischen Blatts auf diese demütigende Weise vermittelt werden, was von ihrem Recht auf eigene Meinung übrig ist: Mit der Zwangsübernahme durften die verbliebenen 250 *Zaman*-Mitarbeiter nur noch sagen und schreiben, was der türkischen Regierung nützte und gefiel. Das ehemals unabhängige und kritische Blatt, das wie viele andere Medien in den 1980er-Jahren von *Menschen in Hizmet* gegründet worden war, verkam zum Verlautbarungsorgan des Staates. Nach dem niedergeschlagenen Putschversuch wurde die Zeitung gänzlich geschlossen. *Zaman* ist Geschichte.

Can Dündar, der ehemalige Chefredakteur der kemalistisch geprägten Tageszeitung *Cumhuriyet*, die sich wie die *Zaman* einem unabhängigen und kritischen Journalismus verschrieben hat, lebt inzwischen in Deutschland, weil er in seiner Heimat um Leib und Leben fürchten muss. Als er zusammen mit seinem Kollegen Erdem Gül Indizien veröffentlichte, die belegen sollten, dass es Waffenlieferungen des türkischen Geheimdienstes an den IS gegeben habe, wurden beide vom Regierungschef persönlich vor Gericht gestellt. Vorwurf: Terrorismus. Und als das oberste Verfassungsgericht es wagte, mit dem Argument der freien Berichterstattung diese beiden Journalisten freizusprechen, da erklärte Erdoğan, dass er die Entscheidung des Gerichtes nicht akzeptieren werde. Gewaltenteilung und Rechtsstaat sind für ihn Fremdworte und in der Türkei nicht erst mit dem Ausnahmezustand nach dem Putschversuch außer Kraft gesetzt. Die Richter, die bei Dündar und Gül die Freilassung bewirkten, gelten nunmehr als Vaterlandsverräter. Ein anderes Gericht verurteilte die beiden Redakteure wegen Veröffentlichung eines Staatsgeheimnisses zu fünf Jahren und zehn Monate Haft.

Can Dündar bekommt glücklicherweise viel internationale Solidarität, was ihm hilft, die Schikanen und Drohungen der türkischen Regierung gegen ihn und seine Familie auszuhalten. Als seine Ehefrau eine Verhaftung angedroht wird, wenn er nicht aus Deutschland in die Türkei zurückkehrt, um sich den Gerichten zu stellen, gibt es auch in deutschen Medien große Empörung. Das sei Sippenhaft und widerspräche den Menschenrechten. Was stimmt.

Andere Journalisten hingegen, etwa die Redakteure und Autoren der *Zaman*, erfahren keine vergleichbare Aufmerksamkeit. Bülent Korucu zum Beispiel, zuletzt Chefredakteur der Zeitschrift *Aksiyon*, steckt in einer vergleichbaren Situation – mit dem Unterschied, dass seine Ehefrau Hacer Korucu bereits Ende Juli verhaftet wurde. Zwar gab es eine Aufforderung durch die EU-Sprecherin Maja Kocijancic, dass die Türkei sich bitte wieder an die Menschenrechte der EU halten möge. Aber das war's.

Auch Can Dündar selbst unterstützt seinen Kollegen nicht. Ob das daran liegt, dass Dündar Teil der ehemaligen türkischen Elite war, die in kemalistischen Zeiten jede Art von religiöser Äußerung diskreditierte, und Korucu Teil der Hizmet-Bewegung, die sich nun einmal offen zu ihrem muslimischen Glauben bekennt? Zu den Menschenrechten und zu einer Demokratie gehören nicht nur Presse- und Meinungsfreiheit, sondern auch Religionsfreiheit. Das ignorieren manchmal selbst kluge und kritische Journalisten. Bülent Korucu ist doppelt betroffen – und seine Frau muss derzeit dafür leiden.

Amnesty International stellte in seinem Anfang 2016 veröffentlichten *Jahresbericht Türkei* zahlreiche Verstöße gegen die Presse- und Meinungsfreiheit fest und beklagte zahllose unfaire Strafverfahren gegen politisch aktive Bürger, Journalisten und andere Regierungskritiker. Rund 1800 Verfahren laufen allein im Sommer 2016 wegen Beleidigung von Staatspräsident Erdoğan – dies Vergehen kann mit bis zu vier Jahren Haft bestraft werden. In den ersten 55 Tagen nach dem Putschversuch wurden 200 Journalisten festgenommen, 107 in Haft gesetzt und 2308 gekündigt.

Schon vor dem Putschversuch kontrollierte Regierungschef Erdoğan, dessen Partei AKP ohnehin der Großteil der türkischen Medien gehört, nunmehr den Großteil aller Zeitungen in der Türkei, dazu den größten Teil aller Fernseh- und Radiosender. Wer sich seither in der Türkei in den gängigen Medien über Politik, Wirtschaft und Gesellschaft informieren will, wird mit oberflächlichen Unterhaltungsfilmen und niveaulosen Gameshows zugeschüttet. Kritische Berichterstattung? Innenpolitische Konflikte? Außenpolitische Diskrepanzen? Die sucht man vergebens. Mit den »Säuberungen« nach dem 15. Juli 2016 hat sich die Beschneidung der Pressefreiheit noch einmal potenziert. Inzwischen sind auch ausländische Medienvertreter vom bizarren Umgang der Machthaber mit demokratischen Grundrechten betroffen.

Human Rights Watch und *Amnesty International* hatten schon lange Verletzungen der Menschenrechte beklagt. Seit dem Putschversuch ist in der Türkei jede Art von Rechtsstaat außer Kraft gesetzt. In den ersten acht Wochen nach dem Putschversuch wurden über 35 000 Menschen verhaftet. Zwar verspricht Erdoğan immer wieder, dass alle Prozesse nach rechtsstaatlichen Prinzipien verlaufen würden. Dennoch: Es reichen Lappalien, um unter Terrorverdacht zu geraten. Auf Basis der Notstandsgesetze landen Tausende im Gefängnis, weil sie ein Konto bei der Hizmet-nahen Bank Asya oder Bücher von Fethullah Gülen im Regal haben. Selbst die Buchstabenkombi »FG« im Autokennzeichen führt zu Ermittlungen. Anwälte trauen sich nicht mehr, mutmaßliche Putsch-Unterstützer zu verteidigen. Wenn Verdächtige sich der Verhaftung entziehen, werden ihre Angehörigen in Geiselhaft genommen und bleiben bis zu dreißig Tage in Untersuchungshaft. Faktisch ist der türkische Rechtsstaat seit Sommer 2016 abgeschafft. Und davon betroffen ist auch Deutschland: seine Wirtschaft, seine Politik und seine Bürger – und mit ihnen die Menschen, die sich in der Hizmet-Bewegung in Deutschland für Bildung und interkulturellen Dialog so vehement einsetzen.

8.

Hizmet – eine deutsche Bewegung mit internationaler Zukunft

Hizmet in Deutschland: Türkei im Blick

Die Entwicklungen in der Türkei zwingen uns auch in Deutschland zunehmend neue Fragestellungen auf. Viele Jahre hatte ich auf meinen Reisen in die Türkei freudig wahrgenommen, wie sich das Land unter Erdoğan entwickelte. Doch plötzlich gab es dort Ereignisse, die so gar nicht mehr nach Demokratie, nicht mehr nach Völkerverständigung und Frieden klangen. Insofern steht die deutsche Hizmet-Bewegung schon lange vor der Aufgabe, die politischen Entwicklungen in der Türkei von Deutschland aus nicht nur interessiert zu beobachten. Zwar arbeiten alle Vereine unabhängig und regional, aber zumindest individuell gab es familiäre oder freundschaftliche Verbindungen ins Mutterland der Hizmet-Bewegung. Viele von uns sind zweisprachig aufgewachsen. Und auch moralisch schien es nicht vertretbar, dauerhaft die Augen vor dem zu verschließen, was in der Türkei passierte.

Anders als den Deutschen, die in den frühen Jahren der Bundesrepublik von den Amerikanern sehr viel Nachhilfe im demokratischen Denken und Handeln bekommen haben, hat den Türken niemand beigebracht, wie eine Demokratie funktioniert.

Demokratie zu verstehen und zu leben ist nicht leicht in einem Land, in dem in den letzten Jahrzehnten das Militär viermal die Regierung abgesetzt hatte und in dem mehr als 30-mal, also fast jährlich, eine Partei verboten worden war. Nach deutschem Demokratieverständnis sind auch die CHP, die AKP, die MHP und die HDP nicht wirklich demokratische Parteien: Der Parteivorstand bestimmt, welche Delegierten auf dem Parteitag stimmberechtigt sind. Und wenn dem Parteivorsitzenden regionale Wahlergebnisse nicht gefallen, dann werden sie annulliert und gewählte Bezirksvorstände einfach abgesetzt. Es gibt nicht nur das Amt für Religiöse Angelegenheiten mit rund 90 000 Mitarbeitern, sondern auch eine riesige Behörde, *Radio ve Televiyzon Üst Kurlu* (RTÜK), die alle Fernsehsender und Radiostationen rund um die Uhr überwacht. Nennt man das Demokratie?

»We will continue to advocate for democracy«, hatte Gülen dem *Wall Street Journal* 2014 versprochen. Als genau das verstehen wir *Menschen in Hizmet* uns: als Anwälte der Demokratie.

In den letzten Jahren wurde immer deutlicher, dass Erdoğan in der Türkei keinen demokratischen Sozialstaat aufbaute, wie wir ihn aus Deutschland kennen; also einen Sozialstaat, in dem der Bürger Rechte hatte, ein Recht auf Kindergeld, ein Recht auf Wohngeld, ein Recht auf Krankenversicherung. Nein. Wenn die türkische Regierung im Winter Kohle verteilte und im Frühjahr Schulmaterial, dann verteilte Präsident Erdoğan Almosen oder Geschenke. Die türkischen Reformen der 2000er-Jahre, die in ganz Europa lobend zur Kenntnis genommen wurden, entpuppten sich im Nachhinein nicht als Wegmarken auf dem Weg zu einer lupenreinen Demokratie nach westlichem Vorbild, sondern als Meilensteine auf dem Weg in eine Autokratie. Es ging nicht um demokratische Machtkontrolle und Gewaltenteilung, sondern um den Schritt der Entmachtung des Militärs auf dem Weg zur Machtübernahme durch die AKP und einen allmächtigen Präsidenten Erdoğan.

Wie so viele außenstehende Beobachter erkannten auch wir deutschen *Menschen in Hizmet* diese Veränderung erst nach und nach. Irgendwann konnten wir uns der Diskussion nicht mehr entziehen: Hatten wir nicht die Pflicht, uns einzumischen? Hatten wir, die wir in einem demokratisch gewachsenen und sozial stabilen Land lebten und arbeiteten, nicht die Aufgabe, für einen Demokratie-Transfer in die türkische Republik zu sorgen, wo die Menschen erst mühsam lernten, was Demokratie bedeuten könnte? Was Pressefreiheit ist? Was Menschenrechte meinen?

Selbst für Laien ist schon lange offensichtlich, dass es für die Türkei nur noch einen Ausweg aus der drohenden Diktatur gibt: Alle demokratischen Kräfte müssen sich vereinen, um ein Gegengewicht gegen die wachsende Willkür und Brutalität der AKP-Regierung zu bilden. Leider sind das nur noch sehr wenige. Bedauerlicherweise ließen sich diese wenigen Gruppierungen von Erdoğan mit simplen Tricks gegeneinander ausspielen. Er tischte ihnen einfach einen gemeinsamen Feind auf, gegen den man an seiner Seite geschlossen vorgehen müsse – die Kurden, die Armenier, den bösen Westen, den IS oder eben die »Gülen-Anhänger«. Auf diese Weise hat er sich anfangs tatsächlich auf demokratische Weise Mehrheiten für Gesetzesänderungen verschafft, die ihm und nur ihm einen Machtzugewinn brachten. Seit dem Putschversuch – jenem »Geschenk Gottes« – fühlt sich Erdoğan frei, seine Macht ungehemmt auszuspielen und Kritiker gnadenlos zu eliminieren. Dass er weiterhin von Rechtsstaatlichkeit spricht, funktioniert nur deswegen, weil er die Gesetze je nach Gusto verwirft, verändert oder macht. Die internationale Politik schaut erschrocken zu, es fehlen aber die Druckmittel, um den Autokraten zu bremsen. Im Gegenteil: Ob Europäer oder Amerikaner, sie alle merken, in welchen Abhängigkeiten sie zu dem geostrategisch zentral gelegenen und militärisch wichtigen NATO-Partner stehen. Für Verhandlungen ist da wenig Spielraum. Das verbale Gepolter der türkischen Regierung gegenüber den westlichen Nationen und die Charme-Offensive gegenüber Russland und sogar neuerdings Israel zeigen, wie wenig es Erdoğan um politische Loyalitäten und demokratische Werte geht und wie sehr allein der Wille zur Großmacht sein Denken und Handeln bestimmt.

Der Kampf für Demokratie in der Türkei erfordert großen Mut. Hizmet-Engagierte gelten dort als Terroristen und werden mit härtesten Sanktionen belegt. Deswegen sehen wir deutschen *Menschen in Hizmet* uns in der Pflicht, von hier aus die demokratischen Initiativen zu unterstützen. Doch auch das ist nicht ganz leicht, zumindest wenn man versucht, kritisch über die politischen Verhältnisse in der Türkei zu reden. Der lange Arm Erdoğans reicht bis nach Deutschland. Angeblich sind 6000 türkische Spitzel und Agenten auch hierzulande unterwegs, um mit Propaganda Stimmung für Erdoğan und mit Hetze Stimmung gegen seine Kritiker zu machen. Die Hexenjagd gegen Hizmet ist wirkungsvoll und für viele – gesellschaftlich voll integrierte – Deutsch-Türken, die Hizmet nahestehen, existenzgefährdend. Der Name Gülen wird auch in den deutschen Medien fast gängig mit dem Attribut »umstritten« belegt – eine Gedankenlosigkeit, die der menschenfeindlichen Hetze der autoritären Machthaber in der Türkei in die Hände spielt.

Die in Deutschland erscheinende Zeitung *Zaman Almanya* wurde im November 2016 eingestellt, nachdem Abonnenten aufgesucht und bedroht wurden. Man wolle weder, dass Journalisten zu Schaden kommen noch Abonnenten, die dem Blatt die Treue halten, hatten die Herausgeber im September 2016 erklärt. Schon seit der Stürmung und der Übernahme der türkischen Mutterzeitung *Zaman* im Frühjahr 2016 hatte die deutsche Tochter um ihre Existenz gefürchtet. Da stirbt nicht einfach ein medialer Wirtschaftsbetrieb. da stirbt ein Stück Demokratie – auch hierzulande. Was in Deutschland übrig bleibt, ist türkische Propaganda. Viele der deutschsprachigen Online-Medien, die sich mit der Türkei befassen, werden von der AKP finanziert und kontrolliert.

Unabhängig sind noch die *Deutsch Türkischen Nachrichten*, die 2009 der gestandene Journalist Michael Maier und ich gründeten. Maier war lange Zeit Chefredakteur der *Berliner Zeitung*, dann kurzzeitig Chefredakteur vom *Stern*, er war Buchautor, Kolumnist für die *FAZ* und für die österreichische Zeitung *Der Standard*. Er hatte ab 2000 als erstes Online-Medium die *Netzzeitung* aufgebaut und brachte 2012 auch noch die *Deutschen Wirtschafts Nachrichten* heraus, das zweitgrößte Wirtschaftsmedium im deutschsprachigen Internet, das inzwischen mehrheitlich zur Bonnier Gruppe gehört.

Mit den *Deutsch Türkischen Nachrichten* (DTN) richteten wir uns an die zweite und dritte Generation von Deutsch-Türken. Schnell erreichten wir über das Portal eine Million Menschen im Monat und über den Verteiler des DTN-Newsletters u. a. sämtliche Integrationsbeauftragte in Deutschland, Kirchen und andere Institutionen. 2012 wurden die DTN beim Lead-Award der Hamburger *LeadAcademy* in der Kategorie Webmagazin mit einer Auszeichnung in Bronze bedacht.

Doch als der *Spiegel* der türkischen Propaganda glaubte und 2012 »relevante Verbindungen zur Gülen-Bewegung« entdeckte und auch die nie verhohlene Tatsache, dass Maier die ersten zwei Jahre die *Deutsch Türkischen Nachrichten* gemeinsam mit mir herausgegeben hatte, war das ein Skandal: Maier galt plötzlich als Islamist.

Dabei hatte ich bereits im November 2011 meine DTN-Herausgeberschaft in aller Freundschaft niedergelegt, weil uns klar geworden war, »dass die Gülen-Bewegung – wie jede andere türkische Bewegung auch – extrem polarisiert« (Michael Maier). Aber das spielte jetzt keine Rolle mehr. Maier durfte nicht einmal mehr einen Leserbrief im *Spiegel* schreiben. »Ein Lehrstück, wie Journalismus nicht sein soll«, zitiert das Branchenmagazin *Meedia* den DTN-Herausgeber. Doch beim *Spiegel* sah man das leider anders. Ich mache keinen Vorwurf; schließlich sind wir *Menschen in Hizmet* selbst viel zu lange auf die politischen Taschenspielertricks Erdoğans hereingefallen.

Zwischen den Identitäten: Deutscher, Türke, Muslim

Vielleicht bin ich durch meine Sozialisation »zwischen den Welten« in besonderer Weise für den hohen Wert, aber auch die Verletzlichkeit einer demokratischen Grundordnung sensibilisiert. Diese »Zwischenwelt« war mir lange nicht bewusst. Ich bin Schwerter, habe in Dortmund studiert, lebe und arbeite seit vielen Jahren mitten in der Hauptstadt Berlin, habe eine Frau und drei kleine Töchter – ein ganz normales deutsches Leben. Und doch wurde ich immer als »Türke« wahrgenommen.

Mit Beginn des Studiums der Stadtplanung war ich der SPD beigetreten und hatte mich bei den Jusos engagiert. Ich wollte die Gesellschaft, in der ich lebte, mitgestalten und dafür musste ich sie verstehen. Ich wollte eine gerechte Verteilung von Chancen und Risiken, von Gütern und Dienstleistungen. Ich kam aus einer Arbeiterfamilie und traf im Studium auf lauter Akademikerkinder. Wir hatten einiges zu besprechen. Nicht zuletzt die strategische Ausrichtung unseres liebsten Fußballclubs, Borussia Dortmund. Mein Studium finanzierte ich mit einem Stipendium der Friedrich-Ebert-Stiftung. Als Gegenleistung wurde »persönlicher Einsatz für die Gesellschaft« erwartet sowie »überdurchschnittliche Leistungen«, sprich eine Abiturnote von 2,0 oder besser.

Das Stipendium erleichterte es mir, mich auf mein Studium zu konzentrieren, und es gab mir die Freiheit, mich politisch zu engagieren. Vier Jahre war ich als stellvertretender Juso-Vorsitzender in Dortmund aktiv, was mich viel Zeit kostete, mir aber auch großen Spaß machte. Die Themen, mit denen ich mich beschäftigte, waren so vielfältig wie mein Studium und hatten auch inhaltlich damit zu tun.

Aber ich interessierte mich auch für die Bundespolitik. Seit 1998 regierte erstmals in Deutschland eine rot-grüne Koalition. Nachdem ich ein Leben lang nur Helmut Kohl als Bundeskanzler gekannt hatte, regierte nun der SPD-Politiker Gerhard Schröder. Alles sah nach einem Neuanfang aus. Der Ausstieg aus der Kernkraft und die Förderung der erneuerbaren Energien machten Schlagzeilen. Ein »Bündnis für Arbeit« zwischen Staat, Arbeitnehmern und Arbeitgebern sollte die ausufernde Arbeitslosigkeit eindämmen, doch die von vielen als scharf erlebten Einschnitte in den Sozialstaat führten nicht zur erhofften Belebung auf dem Arbeitsmarkt.

1999 war in ganz Europa der Euro eingeführt worden, zunächst als Buchgeld, ab 2002 auch als Bargeld. Deutschland war plötzlich Teil eines größeren, wichtigeren Projektes geworden: die Europäische Union nahm immer konkretere Formen an, nun fielen auch die Grenzen des Geldes und des Arbeitsrechts. Immer mehr Länder aus Ost-Europa wurden in die EU aufgenommen. Deutschland zeigt sich europäisch und weltoffen. Dazu passte die Reform des Staatsangehörigkeitsrechts.

Diese Themen wurden auch unter uns Studierenden viel diskutiert, betrafen sie doch grundsätzliche Prinzipien unserer Demokratie: Wie wollten wir den Staat gestalten? In welchem Maße sollte der Staat wirtschaftlich eingreifen? Was der »unsichtbaren Hand« des Marktes überlassen? Wem gehört Deutschland? Und wer gehörte zu Deutschland? Müssten Menschen, die in Deutschland leben, arbeiten und Steuern zahlen, nicht auch mitentscheiden dürfen, was mit ihrem Steuergeld geschieht? Hatten »Russland-Deutsche«, die ihr Leben tausende Kilometer entfernt verbracht hatten und kein Wort Deutsch sprachen, wirklich mehr Anrecht auf einen deutschen Pass als Einwandererkinder, die hier geboren waren und fließend Deutsch sprachen? Sollte weiterhin die Abstammung über die Staatszugehörigkeit entscheiden, wie es die Gesetzgeber von 1913 und 1937 bestimmt hatten? Oder brauchten wir nicht doch andere Kriterien, um über Zugehörigkeit zu entscheiden, etwa den Geburtsort – wie es in Deutschland bis Anfang des 19. Jahrhunderts üblich war und in den USA bis heute ist?

Die Frage der Staatsangehörigkeit betraf mich ganz persönlich. Ich war inzwischen genau dreimal in der Türkei gewesen. Zweimal als kleiner Junge mit meinen Eltern in ihrem Heimatdorf Bayburt, einmal als Jugendlicher auf einer Reise mit meiner *Sohbet*-Gruppe, zehn Tage in Istanbul. Ich beherrsche Türkisch muttersprachlich in Wort und Schrift und kann ohne Weiteres zwischen türkischen und deutschen Texten wechseln.

Auf dem Papier war ich Türke: Türkischer Staatsangehöriger. Die Türkei war meine biologische Herkunft, die Heimat meiner Eltern. Wie schon in der Schule galt ich auch im Studium und bei den Jusos als Experte für alle Fragen rund um die Türkei und hatte mir einiges an Wissen angelesen. War ich deswegen Türke?

Vor allem irritierte es mich, dass ich zwar alles mitdiskutieren, aber am Wahltag nicht mitentscheiden durfte. Innerhalb der Jusos ging das zwar, hier durfte ich mich sogar zur Wahl stellen – aber es schien mir absurd, dass ich jenseits der Jugendgruppe weder aktives noch passives Wahlrecht hatte. Wie sollte ich Verantwortung übernehmen, wenn ich nicht in ein Amt gewählt werden durfte?

Im Sommer 2001 stellte ich den Antrag auf Einbürgerung. Da ich in Deutschland nicht nur verankert, sondern auch politisch engagiert war, fiel es mir nicht schwer, die türkische Staatsbürgerschaft abzugeben. Trotzdem war es ein großer symbolischer Akt. Ich würde fortan eine andere Staatsbürgerschaft haben als meine Eltern. Und es gab kein Zurück mehr: Es war eine Entscheidung für den Rest meines Lebens.

Heute bin ich überzeugt, dass meine Entscheidung richtig war. Damals war ich nicht so sicher, obwohl meine Eltern mich sehr unterstützt haben. Für sie war klar, dass wir Kinder unsere Zukunft hier gestalten würden. Auch sie selbst hatten nicht vor, in die Türkei zurückzukehren. Dreißig Jahre, fast drei Viertel ihres Lebens, lebten sie schon Deutschland. Wir verstanden uns damals wie heute als Teil dieser Gesellschaft, als Teil von Deutschland, meine Einbürgerung wurde gar nicht diskutiert. Ganz anders in meinem Freundeskreis, wo mein Einbürgerungsvorhaben von Einzelnen, auch Deutschen, kritisiert wurde. Sie fanden es seltsam, dass ich einen türkischen

Namen, aber einen deutschen Pass haben sollte. Sie schlugen vor, meinen Namen einzudeutschen: Ercan Karakoyun? Ich sollte mich doch einfach »Erich Kastner« nennen – ohne Strichelchen auf dem A. Zur Abgrenzung. Als wenn Türken ein Problem mit Umlauten hätten!

Weder habe ich mich Erich Kastner genannt noch meinen türkischen Namen ins Deutsche übersetzt (»Lebensmut Schwarzschaf«). Stattdessen habe ich meinen Namen behalten und erkläre allen Nicht-Türken immer wieder gern, wie man ihn ausspricht: »Errdschann Karrakoojun«. Ganz ohne Umlaute.

In der Türkei hatten die Menschen bis zum 21. Juni 1934 gar keine Nachnamen, das erkläre ich dann auch gern, sondern einfach einen Namen. Erst Kemal Atatürk beschloss, dass die Türken wie alle anderen Europäer einen Nachnamen bekommen sollten. Also ging 1934 jeder zum Dorfvorsteher und ließ sich einen geben. Die Kreativität der örtlichen Beamten reichte nicht sehr weit, sodass bestimmte Namen sehr häufig sind: Viele tragen »Er« (deutsch »Mann«) im Namen, wie z. B. Erdal (einziger Mann) oder Erdoğan (tapferer Mann), andere den Nationalstolz, z. B. Öztürk (echter Türke) oder Türkoğlu (Sohn des Türken). Und weshalb Karakoyun? Vielleicht hatte mein Urgroßvater ein schwarzes Schaf. Vielleicht war er eins.

Seit dem 22. September 2002, ein Jahr, nachdem ich den formalen Antrag gestellt hatte, habe ich vielen Deutschen etwas voraus: Ich habe eine Einbürgerungsurkunde. Aber wichtiger als das Papier ist der Geist, der dahinter steckt: Ich weiß, was siebzig Jahre echte Demokratie wert sind. Und ich habe – Gott sei Dank – selbst erlebt, wie sehr Bildung der Schlüssel zu einem friedlichen Miteinander in einer vielfältigen und selbstbestimmten Gesellschaft ist.

Das deutsche Bildungssystem: Weltberühmt bis zum PISA-Schock

In den letzten zwanzig Jahren haben sich türkisch-stämmige *Menschen in Hizmet* in Deutschland einer großen gesellschaftlichen Herausforderung zugewandt, die nach einer italienischen Stadt benannt ist: PISA. Das Akronym des von der OECD, der Organisation für wirtschaftliche Zusammenarbeit und Entwicklung, initiierten *Programme for International Student Assessment* ist das Synonym für eine Erkenntnis, die seit der Jahrtausendwende zunehmend ins öffentliche Bewusstsein gelangte und nun durch zahlreiche wissenschaftliche Studien wissenschaftlich belegt wurde: Das deutsche Bildungssystem ist ungerecht!

Die erste PISA-Studie löste in Deutschland einen Schock aus. Anders als vermutet schnitten die hiesigen Schulen im internationalen Leistungsvergleich gar nicht gut ab. Und schlimmer noch: Im Rahmen der PISA-Studien kam heraus, dass die deutschen Schulen systematisch Kinder aus Einwandererfamilien benachteiligten und Kinder aus wohlhabenden Akademikerfamilien ungleich größere Bildungschancen hätten.

Geschockt waren weniger die alteingesessenen bildungsbürgerlichen Akademikerfamilien. Die Söhne und Töchter der deutschen Oberschicht gingen schon längst auf eine der rund 4600 Privatschulen. Jede zwölfte allgemeinbildende Schule in Deutschland ist in privater Trägerschaft. Die meisten von ihnen sind in kirchlicher Trägerschaft. Es gibt etwa 400 Montessori-Schulen und 200 Waldorf- und Rudolf-Steiner-Schulen.

Geschockt waren die politisch Verantwortlichen, die Lehrer und Beamten, am meisten aber waren es wir vertrauensseligen Einwanderer, die wir dem Vorurteil aufgesessen waren, dass es nichts Besseres als deutsche Schulen gäbe. In den 1990er-Jahren hatten sich an fast jeder Moschee Nachhilfe-Schulen herausgebildet. Der naive Gedanke: Wenn Kinder türkischer Abstammung in deutschen Schulen scheitern, dann brauchen sie mehr Unterstützung. Mit PISA änderte sich das. Nun war klar: Wenn Kinder egal welcher Abstammung in deutschen Schulen scheitern, dann brauchen wir andere Schulen.

Hatten sich die Menschen der Hizmet-Bewegung bislang auf die Gründung und Organisation ehrenamtlicher Nachhilfevereine konzentriert, gab es nun eine Welle von Schulgründungen. Neben den etwa 160 Nachhilfevereinen in Deutschland gibt es heute etwa dreißig Schulen, die auf Hizmet-Initiative zurückgehen. Alle Schulen sind staatlich anerkannt und folgen den jeweils gültigen Lehrplänen. Auch die Nachhilfevereine werden inzwischen fast alle von staatlichen Stellen als Anbieter von Integrationskursen dankbar angenommen.

2010 entdeckte der *Zeit*-Journalist Martin Spiewak die deutsch-türkischen Privatschulen der Hizmet-Bewegung. »Die Streber Allahs« betitelte er seinen erstaunten Bericht über das Berliner TÜDESB-Bildungsinstitut, das vier Kitas, sechs Nachhilfezentren, sowie jeweils ein Gymnasium, eine Grund- und eine Realschule in der Hauptstadt betreibt. Im Spandauer Gymnasium entdeckt er verwundert an den Wänden nicht Koranverse, sondern Gedichte von Hesse und Kästner, auf dem Schulhof nicht unterdrückte Kopftuchmädchen, sondern fröhliche Mädchen und Jungen bei der Schneeballschlacht. Und nirgends ein Bildnis von Fethullah Gülen. Die Schulleiterin erklärt ihm, dass die 300 Schüler keinen islamischen Religionsunterricht haben, sondern in Ethik unterrichtet werden. Beeindruckt berichtet er von den Erfolgszahlen, dass 27 von 32 Schülern den Sprung in die Oberstufe geschafft hätten, obwohl sie keine Empfehlung fürs Gymnasium hatten.

Zu seinem Erstaunen erfährt er, dass es solche Bildungseinrichtungen nicht nur in Berlin, sondern auch in Mannheim,
Stuttgart und Hannover, aber auch in Sydney oder New York, in
der Türkei, auf dem Balkan, in den Nachfolgestaaten des Sow-
jetreiches und inzwischen auf allen Kontinenten gibt. Dass derlei
bislang an dem erfahrenen Bildungsredakteur vorbeigegangen ist,
kann er sich leicht erklären: Aus Furcht vor Vorbehalten gegen
alles Muslimische hätten die *Menschen in Hizmet* ihre religiöse
Herkunft bislang kaschiert. »Nun möchte die junge Generation
der Bewegung die Verschleierungstaktik beenden.« Ein großer
wissenschaftlicher Kongress zu Gülens Werk und Wirken in Potsdam 2009 sei das »*Coming-Out*« der Hizmet-Bewegung gewesen.

Sieben Jahre später – als 2016 mit den politischen Unruhen
in der Türkei die Hizmet-Bewegung weltweit in den Schlagzeilen auftaucht – sind erneut viele Beobachter des öffentlichen
Lebens verblüfft, dass die Hizmet-Bewegung quasi aus dem
Nichts in Deutschland auftauchte. Nie hatte man irgendetwas
davon gehört und plötzlich waren gefühlt über Nacht Hunderte professionell arbeitende Institutionen da. Dabei liegt die
Entstehungsgeschichte inzwischen gut dreißig Jahre zurück.

Die Streber Allahs: Nachhilfevereine und Schulen

In den 1980er-Jahren kamen unterschiedlichste Leute als Studenten oder als Arbeitsmigranten aus der Türkei nach Deutschland und brachten eben auch Ideen mit. Die in der Türkei wachsende Hizmet-Bewegung fand somit auch hierzulande ein Echo,
zum Beispiel in Albstadt bei Stuttgart. Dort entstand einer der
ersten Hizmet-Vereine als lokales Engagement auf Eigeninitia-
tive einiger engagierter Bürger.

Dafür gab es keinen Beschluss von oben. Dazu brauchte es kein Franchisemodell, das skaliert und ausgerollt wird. Es gab einfach ein paar engagierte Türken, die einen Bildungsverein gründeten. Oftmals mit türkischem Namen, schließlich handelte es sich um eine Art Selbsthilfegruppe; man wollte sich nur um die eigenen Kinder kümmern. Dass die was Ordentliches lernen. Das waren reine Nachhilfevereine.

Mit der Zeit, etwa ab Ende der 1990er-Jahre, haben sich die Vereine umorientiert und auch umbenannt. Man wollte keine türkische Parallelgesellschaft; die Vereine wollten sich für alle Nationalitäten öffnen. Vereine, die bis dahin beispielsweise Ufuk e.V. (deutsch »Horizont«) oder Denge e.V. (deutsch »Gleichgewicht«), geheißen hatten, nannten sich nun Westfalia e.V., um den lokalen Bezug zu betonen, oder Rhein-Ruhr-Bildungszentrum e.V., sachlich faktisch und so gar nicht auf Wirkung bedacht. Viele Neugründungen gaben sich gleich deutsche Namen.

Ab der Jahrtausendwende entstanden auch erste Dialogvereine. Hier versammelten sich türkischstämmige Einwanderer, die sich für das friedliche Zusammenleben zwischen Angehörigen unterschiedlicher Kulturen, Nationen und Religionen engagierten. Hier wurden Informationsabende zu Themen wie Migration, Werte in einer postmodernen Gesellschaft, bilinguale Erziehung, oder interkulturelle Kompetenz durchgeführt. Hier gab es gemeinsame Feste, etwa das Noah-Fest gemeinsam mit jüdischen, christlichen und muslimischen Mitbürgern, Lesungen, Tanzaufführungen oder auch gemeinsame Studienreisen in alle Welt, etwa nach Ungarn, Österreich, Italien, Belgien, Niederlande und natürlich auch in die Türkei.

Als drittes entstanden um die Jahrtausendwende auch Unternehmerverbände. Viele Einwanderer hatten sich selbstständig gemacht und waren als Geschäftsleute in Deutschland sehr erfolgreich. Manche von ihnen hatten schon selbst von der Bildungsarbeit der Hizmet-Bewegung profitiert. Ob aus Dank oder schlicht aus Begeisterung für die Sache – viele wirtschaftlich erfolgreiche Unternehmer förderten die Hizmet-Bewegung finanziell. So suchten sie natürlich auch den Austausch mit anderen bildungsaffinen Unternehmern und schlossen sich vereinzelt – nach Branchen oder Regionen – in Vereinen zusammen.

So war im Laufe von zwanzig Jahren ein breites Sammelsurium an Vereinen entstanden, in denen sich unterschiedlichste Menschen auf unterschiedlichste Art und Weise engagierten. Es waren zuerst die Bildungsvereine, denen die Idee kam, dass man voneinander lernen und voneinander profitieren könne, etwa indem man sich wechselseitig Lehrinhalte zur Verfügung stellt, gemeinsam Lehrerfortbildungen organisiert, vergleichbare Qualitätskriterien oder eine einheitliche Verwaltungssoftware entwickelt. Aus dieser Idee heraus entstand 2006 in Frankfurt der Verein *Academy*, der gegenüber den einzelnen Mitgliedsvereinen keinerlei Weisungsbefugnis, sondern lediglich beratende Funktion hat. Ihm schlossen sich nach und nach 150 lokale Bildungsvereine an.

Auch die einzelnen Unternehmensvereine gründeten 2009 als Plattform für den Erfahrungs- und Wissensaustausch eine Dachorganisation in Berlin, nämlich den Bundesverband der Unternehmervereinigungen (BUV) mit inzwischen 20 Mitgliedsvereinen, die insgesamt 3000 Unternehmer mit zusammen etwa 40 000 Mitarbeitern versammeln. Nicht die ethnische Herkunft, sondern das gesellschaftliche Engagement und die europäisch geprägte Perspektive der Mitglieder stehen dabei im Mittelpunkt. Und da gemeinhin Weltoffenheit und Kreativität als Garanten wirtschaftlichen Erfolgs gelten, wird durch diese Unternehmen, die von ihnen geordnete Zuwanderung und ihre unternehmerische Vielfalt die deutsche Wirtschaft enorm profitieren.

Die Dialogvereine schlossen sich als Letztes zusammen, nämlich 2013 zum BDDI, dem Bund Deutscher Dialog-Institutionen. Die Vorsitzenden von 15 Dialogvereinen treffen sich hier zum Erfahrungsaustausch und vergeben einmal im Jahr den mit 5000 Euro dotierten Dialogpreis. Damit werden Personen und Institutionen gewürdigt, die maßgeblich zum Dialog der Kulturen, Religionen und somit dem friedlichen Zusammenleben in unserer Gesellschaft beitragen. Die Preisträger waren bislang die Schriftsteller Feridun Zaimoglu, Navid Kermani und Asfa-Wossen Asserate, die Theologen verschiedener Religionen Karl-Josef Kuschel, Meinhard Tenné, Thomas Lemmen und Ben Chorin, die Politikerin Cornelia Piper sowie der Frankfurter Verein *Interkultureller Rat.*

Jenseits der lokalen Vereinsarbeit haben sich auch internationale Events in Deutschland etabliert, die von der Mehrheit der Gesellschaft bis heute erstaunlicherweise nicht wahrgenommen werden. Dabei kommen zum Beispiel beim jährlichen Internationalen Sprach- und Kulturfestival (*International Festival of Language and Culture*, IFLC), das 2003 das erste Mal veranstaltet wurde, mittlerweile über 2000 Teilnehmer aus 145 Ländern zusammen. Auf der Bühne zeigen sich – im interkulturellen Austausch – künstlerische Talente aus aller Welt. Die gemeinsame Botschaft aller heißt Frieden, Freundschaft und Miteinander. Die Teilnehmer bauen Brücken, schließen Freundschaften und machen Hoffnung auf den Weltfrieden.

Nicht ganz so weltumspannend, aber ähnlich vielfältig, ist die sogenannte Kulturolympiade, ein 2011 erstmals durchgeführter, bundesweiter Sprachwettbewerb, in dem die deutsche und die türkische Kultur im Mittelpunkt stehen. In den Kategorien Theater, Gesang, Gedicht und Tanz wetteifern Kinder und Jugendliche vom Casting bis zum Finale um den Sieg. Bei der Bundespreisverleihung werden die drei Besten jeder Kategorie vor Tausenden von Gästen geehrt und prämiert. Doch auch alle anderen werden in regionalen Preisverleihungen für ihren Auftritt geehrt und erhalten Sachpreise, Urkunden und Medaillen.

In dieser konkreten, äußerst pragmatischen Bildungsarbeit verwirklicht sich ein Grundprinzip der Hizmet-Bewegung: »Positiv denken, positiv handeln!« Wenn man sonst in Deutschland über Bürgerengagement spricht, ist meist die Rede von Protestbewegungen, von Wutbürgern und Widerstand. Die Bürger sind *gegen* dies oder jenes das, ob Atomkraft, Windräder oder ungerechte Löhne. Es wird demonstriert und protestiert. Am Ende liegt die Verantwortung beim Staat, beziehungsweise bei den politisch Verantwortlichen, wie viel Rücksicht sie auf diesen Protest nehmen oder nicht. Deswegen gilt: Je lauter gebrüllt wird, desto größer die Chance, sich durchzusetzen.

Die Hizmet-Bewegung ist durch den Sufi-Islam geprägt. Wenn also etwas anders läuft, als man sich das wünscht, dann begegnen wir dem nicht mit Lärm oder Aggression. Sondern wir fragen uns, was wir tun können, um die Situation zu verändern. Wenn sich also Menschen in Deutschland zu Gruppen wie Pegida zusammenschließen, dann organisieren wir nicht Truppen, um sie von der Straße vertreiben. Sondern wir nehmen die Situation in Ruhe wahr und versuchen zu verstehen: Diese Leute haben Angst. Es ist irrational und unbegründet, aber die Angst ist da. Entgegen den ersten Impulsen, die wohl die meisten Menschen haben, kämpfen wir jedoch nicht gegen die Verängstigten, sondern wir überlegen: Was haben wir getan, dass diese Leute Angst vor uns haben? Und was können wir tun, damit sie uns vertrauen können?

Die Antwort von Hizmet heißt stets: *müsbet hareket* – gesellschaftlich positives Handeln! Statt zu jammern und zu klagen, statt zu kämpfen und zu keifen, bemühen wir uns darum, Alternativen zu entwickeln und Lösungen zu finden. Wir übernehmen Verantwortung. Wir bereichern die Gesellschaft. Wir bauen Brücken. Wir bauen Schulen.

Margot Käßmann hat einmal gesagt, die Kirche ist ein Anbieter von Werten auf einem riesigen Markt von unterschiedlichen Angeboten. Hizmet ist ein weiterer Anbieter. Jeder Mensch ist ein Anbieter. Uns treibt die Frage: Was kann ich anbieten, was attraktiver ist als das Angebot der anderen? Indem wir Dinge einfach tun, führen wir die gesamtgesellschaftliche Diskussion mit und kommen in den Dialog mit anderen Menschen.

Abnabelung von der Türkei – Deutschland wird Vorbild

Die aktuelle Situation in der Türkei ist bedrohlich – für die Menschen in der Türkei, aber auch für Menschen außerhalb des Landes, denen Demokratie und Menschenrechte ein Anliegen sind. Durch die Verknüpfung des türkischen Staates mit der NATO, durch Handelsbeziehungen und die jahrelang dauernden Aufnahmeverhandlungen mit der Europäischen Union sind wir auch in Deutschland in komplexer Weise in die innenpolitischen Konflikte der Türkei verwickelt. Viele Politiker betonen, wie wichtig es sei, sich davon unabhängig zu machen. Und auch wir *Menschen in Hizmet* müssen lernen, dass unser Engagement für Bildung und Dialog in Deutschland

weiterleben kann, auch wenn unsere Freunde in der Türkei
verfolgt und bedroht sind. Im Gegenteil: Unsere Arbeit für
Bildung und Integration, unser Engagement für eine demokratische verfasste Gesellschaft ist umso wichtiger, je mehr
diese Werte andernorts verloren gehen. Wir müssen dabei auch
lernen, dass wir nicht nur mit Gleichgesinnten solidarisch sein
dürfen. In den letzten Jahrzehnten hat sich jeder in der Türkei
nur für die eigenen Menschenrechte eingesetzt. Wenn andere
betroffen waren, hat es nicht interessiert. Ich bin überzeugt
davon, dass die *Menschen in Hizmet* nun gelernt haben, was
Demokratie und Menschenrechte wirklich bedeuten. Nämlich
auch der Einsatz für Andersdenkende.

Selbst in dieser Krise steckt also eine Chance.

Und wer weiß. Vielleicht waren wir in der Vergangenheit
auch in Deutschland allzu bequem und haben uns – entgegen allen guten Vorsätzen – dann doch oft nur in unserer deutsch-türkischen Community bewegt. Die aktuelle Situation zwingt
uns aus der Komfortzone. Wir müssen uns neue Zielgruppen
erschließen. Schon jetzt vermelden Schulrektoren aus Pader-
born und Berlin, dass bereits im Sommer 2016 deutlich mehr
deutsche Schülerinnen und Schüler angemeldet worden seien.
Offenbar haben wir Glück im Unglück: Durch die massive
Berichterstattung über Hizmet werden nunmehr auch viele
Nicht-Türken auf unsere Bewegung aufmerksam. Und sie ent-
decken die Qualität unserer Schulen und Einrichtungen.

Auch unsere Dialogveranstaltungen werden plötzlich von
normalen Bürgerinnen und Bürgern besucht, die einfach »nur
neugierig« sind. Willkommen – wir freuen uns auf jedes einzelne Gespräch!

Sicher, wir hatten gehofft, dass die Türkei durch ihre Lage
zwischen den Kontinenten und durch ihre jahrzehntelange Nähe

zu den westlichen demokratischen Nationen eine wertvolle Brückenfunktion in die islamischen Länder sein könnte. Wir hatten gehofft, dass unser Verständnis eines zivilen, menschlichen Islam, der auf Individualität, Trennung von Staat und Religion und Friedfertigkeit und Toleranz basiert, sich über die Türkei als Vorbild in alle Welt verbreiten könne. Diese Hoffnung scheint verloren – aber nur in Bezug auf die Türkei. Unsere Studienreisen in die Türkei, bei denen wir diese fruchtbare Symbiose früher zeigen konnten, werden wir nun in andere Länder machen. Das große Glück, das wir haben: Es gibt sie! Es gibt Länder wie Indonesien, Malaysia oder Singapur, in denen der Islam ein fester und förderlicher Teil des demokratischen Wertesystems ist. Es gibt *Menschen in Hizmet*, die sich um Integration und Völkerverständigung bemühen, die mit Minderheiten und ausgegrenzten Randgruppen in den Dialog treten und die sich für Bildung und Aufklärung im humanistischen Sinne engagieren.

In Deutschland, Österreich und der Schweiz, in Frankreich, England und den USA, in Spanien, Italien und in Skandinavien – überall gibt es Hizmet-Initiativen, die den Beweis antreten, dass Islam und Demokratie zusammengehören.

Für meine Heimat Türkei bete ich. Für meine Heimat Deutschland träume ich, dass sie für andere ein Vorbild wird.

Dank

Viele Menschen haben zur Entstehung dieses Buches beigetragen – ihnen allen möchte ich von Herzen danken. Seiner Entstehung vorausgegangen sind viele wunderbare Begegnungen mit engagierten Menschen, mit Muslimen, Christen, Juden und Nicht-Gläubigen, die fest daran glauben, dass es Werte gibt, die unabhängig von der Konfession Gültigkeit haben, und die sich in ihrer Bereitschaft, ihren Mitmenschen offen zu begegnen und sich für andere zu engagieren, von nichts und niemandem beirren lassen. Ich wünsche mir, dass auf dieses Buch viele weitere solche Begegnungen folgen!

Mein ganz besonderer Dank gilt Hayrettin Özkul, Eyüp Beşir, Kadir Boyacı, Süleyman Bağ, Semra Kızılkaya, Ahmet Daşkın und Ingrid Hollenberg, die mich mit ihren klugen Fragen, ihren kritischen Einwänden und ihrem ehrlichen Interesse von Anfang an tatkräftig unterstützt haben. Besonders danken möchte ich Jens Schadendorf, Ulrike Lange und Sarah Mayer-Voigt vom Herder Verlag, die immer an dieses Buch geglaubt und mir verständnisvoll zur Seite gestanden haben. Nicht möglich gewesen wäre das Projekt ohne das Engagement und die Unterstützung von Claudia Cornelsen und Christine Gräbe, die es von der ersten Idee bis zur letzten Seite mit konstruktivem Rat und kreativem Beistand haben Form annehmen lassen.

Vor allem aber danke ich meiner Frau Ilkay und meinen drei Töchtern Leyla, Nuray und Azra, sowie meinen Eltern und Geschwistern – ohne sie wäre alles nichts.

Weiterführende Literatur

Agai, Bekim: *Zwischen Netzwerk und Diskurs – Das Bildungsnetzwerk um Fethullah Gülen. Die flexible Umsetzung modernen islamischen Gedankengutes.* Bonner Islamstudien, Bd. 2. Hamburg-Schenefeld: EB Verlag 2008.

Akdag, Muhammed M.: *Der «Mensch des Dienstes» bei Fethullah Gülen: Nachfolger des «vollkommenen Menschen» in der islamischen Mystik?*. Frankfurt am Main: Internationaler Wissenschaftsverlag 2014.

Albayrak, Ismail: *Aus der Wissenswelt eines Intellektuellen: Fethullah Gülen.* Frankfurt am Main: Main-Donau 2012.

Boos-Nünning, Ursula/Bultmann, Christoph/Ucar, Bülent (Hrsg.): *Die Gülen-Bewegung: Zwischen Predigt und Praxis.* Münster: Aschendoff 2011.

Bultmann, Christoph: *Gut gefälscht: Besichtigung einer Zitatfälschung im Nachrichtenmagazin ›Der Spiegel‹. Ein Vademecum für den Deutschen Presserat.* Erfurt: Ulenspiegel 2013.

Carroll, B. Jill: *Kulturen im Dialog: Fethullah Gülens islamische Ideale und der Humanismus-Diskurs.* Offenbach am Main: Fontäne 2009.

Dohrn, Kristina: *Ethik und Praxis in Wohngemeinschaften der Gülen-Bewegung.* Berlin: Weißensee Verlag [im Erscheinen].

Ebaugh, Helen Rose: *Die Gülen-Bewegung: Eine empirische Studie.* Freiburg im Breisgau: Herder 2012.

Ergene, M. Enes: *Die Bewegung um Fethullah Gülen. Das neue Gesicht des Islams.* Offenbach am Main: Fontäne 2009.

Gülen, M. Fethullah: *Das unendliche Licht.* Mörfelden-Walldorf: Zaman 2001.

Gülen, M. Fethullah: *Aufsätze, Perspektiven, Meinungen.* Offenbach am Main: Fontäne 2004.

Gülen, M. Fethullah: *Das Leben nach dem Tod* (übers. v. Wilhelm Willeke). Mörfelden-Walldorf: Fontäne 2005.

Gülen, M. Fethullah: *Sufismus* (übers. v. Willhelm Willeke). Mörfelden-Walldorf: Fontäne 2005.

Gülen, M. Fethullah: *Hin zu einer globalen Kultur der Liebe & Toleranz* (übers. v. Wilhelm Willeke). Offenbach am Main: Fontäne 2006.

Gülen, M. Fethullah: *Religiöse Kindeserziehung* (übers. v. Wilhelm Willeke, verantwortlich für die dt. Ausg.: Muhammet Mertek). Offenbach am Main: Fontäne 2007.

Gülen, M. Fethullah: *Muhammad, der Gesandte Gottes: Das Leben des Propheten* (übers. v. Wilhelm Willeke). Offenbach am Main: Fontäne 2008.

Gülen, M. Fethullah: *Fragen an den Islam (I-II)* (übers. v. Wilhelm Willeke). Offenbach am Main: Fontäne 2009.

Gülen, M. Fethullah: *Perlen der Weisheit* (übers. v. Wilhelm Willeke). Offenbach am Main: Fontäne 2009.

Gülen, M. Fethullah: *Die Statue unserer Seele* (übers. v. Wilhelm Willeke). Offenbach am Main: Fontäne 2009.

Gülen, M. Fethullah: *Grundlagen des Islamischen Glaubens* (übers. v. Wilhelm Willeke). Offenbach am Main: Fontäne 2010.

Gülen, M. Fethullah: *Sufismus (I-IV): Smaragdgrüne Hügel des Herzens. Schlüsselkonzepte in der Praxis des Sufismus* (übers. v. Wilhelm Willeke). Offenbach am Main: Fontäne 2010.

Gülen, M. Fethullah: *Das Gesprochene Wort. Seine Schönheit und Seine Kraft.* Offenbach am Main: Fontäne 2011.

Gülen, M. Fethullah: *Was ich denke, was ich glaube* (hrsg. v. Ercan Karakoyun). Freiburg im Breisgau: Herder 2014.

Harrington, James C.: *(Un)abhängige Justiz. Die Gerichtsverfahren um Fethullah Gülen im Zuge der Demokratisierung der Türkei.* Frankfurt am Main: Main-Donau 2012.

Hermann, Rainer: *Wohin geht die Türkische Gesellschaft? Kulturkampf in der Türkei.* München: Deutscher Taschenbuch Verlag 2008.

Homolka, Walter/Hafner, Johann/Kosman, Admiel/Karakoyun, Ercan (Hrsg.): *Muslime zwischen Tradition und Moderne. Die Gülen-Bewegung als Brücke zwischen den Kulturen.* [Internationale Konferenz 2009, Institut für Religionswissenschaft der Universität Potsdam, Forum für Interkulturellen Dialog e.V. (FID)]. Freiburg im Breisgau: Herder 2010.

Hunt, Robert A./Aslandogan, Yüksel A. (Hrsg.): *Unsere Mitbürger. Muslime in der Postmoderne.* Frankfurt am Main: Main-Donau 2012.

Otte, Klaus: *Dialog dank Mystik. Der Muslim Fethullah Gülen trifft auf den Judenchristen Paulus.* BIM-Schriftenreihe Migration und Religion. Bonn: Free-Pen-Verlag 2010.

Thies, Jochen: *Wir sind Teil dieser Gesellschaft. Einblicke in die Bildungsinitiativen der Gülen-Bewegung.* Freiburg im Breisgau: Herder 2013.